Hin und wieder Zurück

Elbenrose auf Reisen

Die Autorin nimmt sich immer wieder kleine Auszeiten für Reisen mit ihren Freundinnen. Aus Spaß führte sie dabei Tagebuch und fertigte daraus Reiseberichte über die gemeinsamen Erlebnisse an und verschenkte sie an ihre Reisegefährtinnen. Diese sind so begeistert, dass sie sie immer wieder dazu aufmunternden doch ein Buch daraus zu machen.

Daniela Rettstadt, geboren 1964 in Karlsruhe, Baden-Württemberg, die Hausfrau und Mutter lebt mit ihrem Mann, 2 Kindern und Hund auf dem Land. Nebenbei macht sie Energiearbeit, malt Aura und Seelenbilder.

Daniela Rettstadt

Hin und wieder Zurück

Elbenrose auf Reisen

Bibliografische Information der Deutschen Nationalbibliothek
Die Deutsche Nationalbibliothek verzeichnet diese
Publikation in der deutschen Nationalbibliografie; detaillierte
bibliografische Daten sind im Internet über:http://dnb.d-nb.de
abrufbar

Herstellung und Verlag: Books on Demand, GmbH,
Norderstedt

ISBN13: 9783837080704

Für meine Freundin Claira, Serafina Hexenglanz,
die mit mir schon durch die Hölle ging!

„Die Sonne, der Himmel, das Blau über den Bergen
und die herrlichenrosagoldenen Wolken.
Der Wald. Die Geräusche des Waldes.
Ein leichter Wind lässt die trockenen Blätter
auf einigen Bäumen rascheln.
In der Luft das Summen unzähliger Insekten.
Der Gesang und das Trillern der Vögel.
Ein Mäusebussard im Tiefflug;
Der Duft von Kräutern und nasser Erde.
In der Nähe rauscht ein kleiner Bach.
Das ist das Universum, das bist du,
das sind wir zusammen."

Mein Name ist Daniela, aber meine Freundinnen, nennen mich meist Elbi, Elbchen oder Elbenrose. Wobei ich vom Aussehen nicht unbedingt Ähnlichkeit mit diesen zarten Wesen vorweise. Das muss wohl an den Ohren liegen! Ich bin Hausfrau und Mutter von 2 Jungs, im Alter von 10 und 12 Jahren. Ich habe eine *irdische* Liebe, namens Ralf, und eine *ätherische* Liebe die, wer ahnt es schon, natürlich ein Elb ist. Dabei bin ich relativ flexibel und schwanke zwischen dem blonden Legolas, aus Herr der Ringe, und dem, mit fliederfarbenem Haar, Jiriki, aus dem Roman von Tad Williams. Wobei, Boromir, der Mensch, von Herr der Ringe, mir auch *sehr am Herzen liegt*, und ich habe ein großes Herz!

Als der erste Film, von Herr der Ringe, *Die Gefährten* ins Kino kam, war es um mich geschehen. Ich verliebte mich sofort unsterblich, in den edlen Elben. Zuhause, betrachtete ich mich im Spiegel, und bekam einen heilsamen Schock. Nein, mit dieser Figur, konnte ich auf keinen Fall neben Legolas durch die Elbenwälder rennen, zu dieser Zeit wog ich ca. 78 kg, bei einer Größe von 174 cm. Als, Elbe konnte ich mich mit dieser *leichten* Fülle nicht vorstellen.

Ich überredete meinen älteren Sohn, ein Poster mit dem Elbenkrieger, in seinem Zimmer aufzuhängen. Ins Schlafzimmer hängen, wollte ich meinem Mann nicht antun, Schließlich hatte (und hat) er es auch so wahrlich schwer neben einem Elb zu bestehen. (Der von mir natürlich ringsum idealisiert wird). Fortan nahm ich konsequent nur noch 1000 Kalorien zu mir, verbat mir strikt jede Süßigkeit, außer einer täglichen Ration von Gummibärchen, und es ging mindestens 2 mal in der Woche ins Fitnessstudio, so nahm ich innerhalb eines Jahres 18 Kilo ab. Während dieser Zeit stellte ich mich öfters vor das Poster und erzählte ihm (Legolas), dass ich nur wegen ihm abnehme! Im Fitnessstudio hatte ich den Blick auf ein Feld am Waldrand, und während ich mich auf dem Crosstrainer abstrampelte, stellte ich mir vor, wie ich am Waldesrand hinter Legolas hinterherlaufe. Nach einer Weile, konnte ich, oh Wunder, eine Stunde ohne Pause laufen. Ab und zu trainierte ich auch mit Boromir, aber der schimpfte mich meist aus, dass ich viel zu langsam wäre, und Frauen eh nichts auf dem Kriegspfad verloren hätten. Mittlerweile habe ich ein paar Kilos wieder draufgelegt, es sind genau 5 Kilos, habe mich extra heute morgen gewogen, und würde mich nach den ersten paar Minuten, wahrscheinlich ins Feld schmeißen mit akuter Atemnot. Vor kurzem meinte mein jüngerer Sohn, Florian:" Mama, Du hast da ein paar richtige Rillen im Gesicht". Das heißt, ich bin eine frühzeitig gealterte Elbe, denn meines Wissens, bekommen die *Unsterblichen* erst im reiferen Alter von 4000 Jahren ihre ersten, zarten Fältchen. Dennis, mein ältester Sohn, versuchte es wieder auszubügeln, und meinte:" Du siehst aber aus wie eine Elbe, auf der Stirn hast Du ein Zeichen wie ein Stern". Es war ja lieb gemeint, und einteilst war ich natürlich auch geschmeichelt, " oh, mein Sohn sieht mich als Elbe". Aber, ich weiß sehr wohl, dass der *Stern* aus Fältchen besteht, die ich bis dato noch nicht hatte. Jedenfalls werde ich Dank meiner Leidenschaft, bzw. tiefster Liebe, Elbi genannt. Meine Freundin Claira (die mehr auf *Halbelben* steht) nannte mich am Anfang, äußerst charmant, Elbenbrumsel, was ich, wenn ich ehrlich bin, nicht ganz soooo schön fand.

London is calling – London ruft!

Nach ein paar Jahren immer nur mit Haushalt umgeben, verlangte es mich immer mehr, ein paar Tage Ausreiß zu nehmen. 4 Tage, nur nach meinem eigenen Belang. Mal ehrlich, welche Mutter und Hausfrau möchte das nicht auch ab und zu mal?! Da ich keine Eltern und auch keine Geschwister mehr habe, meine Schwiegereltern weiter weg wohnen, konnte ich nur selten freie Zeit für mich nehmen. Das Verlangen auszubrechen wurde immer größer. Mein Mann konnte das nicht verstehen. Hauptsache er ist mit mir zusammen. Ist ja lieb von ihm. Aber, wenn man den ganzen Tag die Kinder um sich herum hat und abends kommt der Mann dazu, habe ich des Öfteren das Gefühl, er ist das dritte Kind. Als ich ihm das erzählte, war er natürlich beleidigt. Legolas versteht mich, bei den Elben werden die Kinder von allen gemeinsam erzogen. Meiner Freundin, Claira, erging es genauso und wenn wir nicht gerade von einem Abenteuer im Elbenwald träumten, überlegten wir wohin wir reisen könnten. Natürlich stand Neuseeland ganz oben auf der Hitliste, aber das war utopisch, sowohl zeitlich, wie auch finanziell nicht machbar. Schließlich kamen wir auf London. Mein Mann, sagte mir einmal, dass ihn diese Stadt überhaupt nicht interessiere, und ich wollte schon immer mal dahin. Claira, war begeistert und so stand das Ziel, unserer Auszeit fest. Mit Feuereifer wurden nun Kataloge gewälzt, ein Reiseführer gekauft, doch als es darum ging, unsere Ehemänner von unserem Trip zu informieren, wurden wir zaghafter. Am gleichen Abend erzählte ich es Ralf. Er lächelte milde und meinte ich könne ruhig buchen. Ich bin mir sicher dass er es mir nicht zutraute das Ganze wahr zu machen, denn als tatsächlich gebucht war, wurde er total blass. Zurück konnte er natürlich nicht mehr. Sämtliche Bekannte staunten ungläubig, wie wir so was fertig bringen können. Ganze 4 Tage? Ohne Familie? Eine Freundin erzählte mir, dass sie so was nie wolle, sie bekomme schon nach ein paar Stunden Heimweh nach ihrer Familie. Andere meinten: Der arme Ralf, arbeitet die ganze Zeit und soll dann auch noch seinen kostbaren Urlaub nehmen, dass seine Frau eine *Sause* machen kann. Nun, mein Mann, machte es ganz schlau, er fuhr über die Tage zu seinen Eltern und besuchte seine alten Freunde. In der Zwischenzeit freute ich mich unbändig darüber, nach London zu fliegen. Seit meiner Kindheit hat England eine magische Anziehungskraft auf mich und ich verschlang sämtliche Romane über das Land. Claira freute sich mindestens genauso, überließ die ganze Planung aber mir, was mir große Freude bescherte. Ich wusste schon Wochen voraus, was wir uns alles ansehen würden und kaufte sämtliche Tickets übers Internet.

Endlich war es soweit. Koffer packen für London. „ Was soll man für 4 Tage einpacken?" Nach einigen Malen Koffer ein und auspacken, Gewissensfragen wie: Regenschirm mitnehmen? (Ja, unbedingt!) Wurde auch diese Hürde genommen. Mein Koffer fühlte sich an wie mit Backsteinen gefüllt. Mein Onkel, der uns zum Frankfurter Flughafen fuhr, meinte, wie viel Monate ich denn in London bleiben wolle? Claira hatte sich eine ordentliche Erkältung vorher aufgeschnappt und hoffte nun, nicht zuviel rumschnupfen zu müssen, damit meinem Onkel es nicht auffiel, und er sie sonst vielleicht nicht mitnahm.
Dazu muss ich erzählen, dass mein Onkel, panische Angst vor Ansteckungen hat und jeglichen Kontakt mit der kränkelnden Person meidet. Wenn wir keine Lust haben, dass er uns besucht, (was aber nicht wirklich vorkommt) brauche ich ihn nur vorher anzurufen und ihm erzählen, dass einer der Jungs, Ralf oder ich, an einem Infekt leide, schwuppdiwupp, kommt postwendend seine Antwort:" Dann komme ich diese Woche nicht zu Euch". Im Winter kann es dann schon passieren, dass wir uns ein bis zwei Monate nicht sehen. Hätte er also vorher

von Clairas Schnupfen gewusst, hätten wir uns wohl nach einem anderen Fahrer umsehen müssen. Wir hatten Glück und der *Bazillus* meiner Freundin, blieb unentdeckt.

Schon auf dem Flughafen kam ich mir wie befreit vor. Ich wusste Mann und Kinder gut aufgehoben, (Legolas durfte ja mit mir mit) und freute mich über unser kleines Abenteuer. Für meine Freundin war es der erste Flug ihres Lebens, und war dementsprechend leicht aufgeregt. Ich hatte nur etwas Panik, wie wir in London unser Hotel finden sollen. Ein Freund erzählte mir zwar dass die Londoner U-Bahn (von Londoner liebevoll *the Tube* genannt) sehr übersichtlich ist, aber ich hatte vorher sicherheitshalber sämtliche Stationen, die wir nehmen müssen auswendig gelernt. Auch hatte ich etwas Bammel wegen meiner Englisch Kenntnissen. Claira ist auf Französisch (die Sprache) spezialisiert und warnte mich deshalb schon vor, dass ich reden solle. (Was ihr aber von Natur aus eher schwer fällt).Ich machte mir umsonst Sorgen, denn sie fing stets an zu reden und ich durfte die jeweiligen Antworten übersetzen. Was mir zum Glück nicht sonderlich schwer fiel. Während das Flugzeug England erreichte, überkam mich ein seltsames Gefühl. Ich konnte nur an Eines denken; „Das ist dein Land". Ganz überwältigt von meinen Gefühlen, stieg ich aus dem Flieger, um gleich die erste *Zusammenkunft* mit einem Engländer zu haben. Da ich etwas Gedankenverloren bin, schubste ich eben diesen Mann beinahe um, und durfte ihn gleich mit meinen internationalen Sprachkenntnissen begrüßen. Ich stieß also spontan ein:" Hopsa, sorry", aus worauf der Mann sich sofort umdrehte und davonging. Meine liebenswerte, (das ist sie wirklich) Freundin bog sich vor Lachen fast auf den Boden. Nun mussten wir als nächstes ein Ticket für die U-Bahn ziehen. Entsetzt stöhnte Claira auf:" Nein, 30,-- Mark (wir dachten damals noch in D-Mark) zahl ich nicht". Nach näherem studieren stellten wir fest, dass es sich lediglich nur um 3,60 englische Pfund handelte und sie mal wieder ihre Brille nicht auf hatte. Als ich dann, zu meiner großen

Erleichterung feststellte, dass das Londoner U-Bahn-System, wirklich sehr gut überschaubar ist, stiegen wir in unseren Zug ein. Uns gegenüber saß eine Frau, dreckig, stank wie ein Tier, langte mit ihren schmutzigen Fingern in eine Tüte und holte Schokoladenkekse raus. Sie bot uns freundlich welche an. Die Worte" You want a chocolate?", werde ich nie vergessen. Sie redete auf mich ein, wobei ich dezent darauf hinwies, dass ich sie nicht wirklich verstand. Clärchen, drehte sich schon wieder vor Lachen weg. Plötzlich erhob die Fremde sich und – Blut lief ihr an den Beinen runter, Menstruationsblut. Auf ihrem Sitz hatte sich schon eine Pfütze gebildet. Mir wurde schlecht, und in diesem Moment wollte ich sofort wieder nachhause, ich dachte nicht mehr dass dies mein Land ist. Nach einer Weile beruhigte sich mein Magen und ich mich wieder und als ich unser nettes, geblümeltes, Hotelzimmer in Notting Hill sah, war ich wieder versöhnt. Das nächste Problem war, wir fanden keinen Fön. Für meinen Mitgebrachten fehlte der passende Adapter. Ich, ohne Fön? Das geht nun überhaupt nicht, es gibt nur noch Eines was schlimmer ist und das wäre ohne Haarlack. Im Elbenwald wäre ich da absolut aufgeschmissen. Da wir den Nachmittag für Harrods (ein edles Kaufhaus) geplant hatten, mussten wir eben dort einen Adapter kaufen. Ein super edles Teil, 15,-- Euro hat es gekostet, so einen Adapter hat nicht Jeder. Aber auch ohne diesen Adapter waren wir von dem Kaufhaus überwältigt. Einfach gigantisch, alleine schon die Feinschmeckerabteilung. Meine Jungs wären von der Abteilung Spielzeug, die ein ganzes Stockwerk einnahm, begeistert gewesen. Spontan verliebte ich mich in eine Designerbluse, zum günstigen Preis von 800,-- Pfund, ließ den Kauf aber dann doch sein, man muss ja nicht immer gleich das erste was einem gefällt kaufen. Die Toiletten, sie wurden von Türstehen bewacht, sind etwas ganz besonderes, man bekommt von ihnen den Türschlüssel überreicht. In der Delikatessenabteilung kauften wir dann leckere Sandwichs, die wir fürstlich auf unseren Hotelzimmerbetten genossen. Da unsere Beinchen k. o. waren beschlossen wir, den restlichen Abend uns auszuruhen. Schließlich durchforstete ich noch diverse Schubladen im Zimmer und fand, unter dem Fernseher, den vermissten Fön. Quietschend vor Lachen, schauten wir uns dann noch ORB, (österreichischer Fernsehsender), denn wer kann schon von sich sagen, in einer Weltstadt zu sein und um 21 Uhr österreichisches Fernsehen anzuschauen?!

Am nächsten Tag wachte ich viel zu früh auf. Nachdem ich mich leise fertig gemacht hatte, weckte ich Clärchen sanft um 7 Uhr 30. Diese schaute auf ihre Uhr um mich völlig entsetzt dann anzusehen, sie fragte mich, weshalb ich sie mitten in der Nacht wecke? Es stellte sich heraus, dass ich total vergessen hatte, dass es hier in England eine Stunde früher ist, wie in Deutschland. Es war also erst 6 Uhr 30! Nach einem kleinen Frühstück, sind wir zu dem Wachsfigurenkabinett, von Madame Tussaud, losgezogen. Ich hatte zuhause schon Tickets dafür bestellt und so mussten wir uns nicht in die lange Warteschlange einreihen. Allerdings hatte ich die ganze Zeit über kleine Schweißausbrüche, denn ich hatte in meinem Koffer nur 1 Ticket gefunden, und betete nun inständig, dass trotzdem Beide rein durften. Claira wusste von meiner Aufregung nichts und wir hatten Glück, Wir durften Beide hinein. Zuhause in Deutschland fand ich dann das 2. Ticket im Koffer wieder. Das Wachsfigurenkabinett hätten wir uns allerdings auch sparen können. Die Figuren waren ihren menschlichen Vorbildern, meines Erachtens, wenig ähnlich. Nur einen Wachsoldaten fand ich ziemlich echt aussehend. Als sich dieser plötzlich bewegte, fiel ich vor Schreck fast um. Ausgiebig *bewunderten* und lästerten wir über die große *Ausbuchtung* König Heinrich der 8. Das ist dieser englische König, der seine Frauen hinrichten ließ. Wir sprachen noch lange über den *Boxenstopp* (keine Ahnung wie wir auf diese Bezeichnung kamen). König Heinrichs

edles Teil wurde wohl in Samt und Seide gelegt, dass es ja keine Verletzung abbekam. Wer übrigens wie ich, ein kleines Toilettenproblem hat, sprich wenn es z. B. nur 1-2 Toiletten gibt und Leute davor anstehen, *kann* ich nicht. Weder *groß* noch *klein*, bei Madame Tussaud gab es viele Toiletten und vor allem waren sie sauber, worüber ich sehr erleichtert war, und diese somit wärmstens empfehlen kann. Als nächstes stand auf unserer Sightseeingtour, die Wachablösung beim Buckingham Palace, auf dem Plan. Unter sämtlichen Busladungen von Touristen, sahen wir den Wachsoldaten der Queen zu. Wir hatten trotz der Menge einen guten Blick und fanden es ganz interessant den Palast zu sehen, der bestimmt viel erzählen würde wenn er sprechen könnte. Überhaupt bin ich der Meinung, dass Gebäude eine Ausstrahlung haben, die je nach erlebten Geschichten der Bewohner, positiv oder aber auch negativ sind. Manche wirken sogar bedrohlich. Speziell bei Kirchen kommen dann zusätzlich oft Gerüche dazu. Nicht Weihrauch, sondern, ich habe das Gefühl, Angstschweiß von Menschen zu riechen, die mit ihren Sorgen ins Gotteshaus gekommen sind. Blutgeruch, von Menschen, die verfolgt (auch, oder gerade von der Kirche) und gefoltert wurden. Beim Kölner Dom musste ich sofort wieder raus. Ich bekam regelrecht Panik darin, weshalb auch immer. Es gibt aber auch viele Kirchen, in denen mich innerer Frieden überkommt und Liebe, wie es eigentlich in allen Gotteshäusern sein sollte.
Mit Städten geht es mir oft genauso. In Köln, musste ich die ganze Zeit an die Pestära im Mittelalter denken. Kopenhagen dagegen liebte ich von Anfang an, die Hauptstadt von Dänemark wirkte sehr hell und freundlich auf mich.
Das Westminster Abbey empfanden meine Freundin und ich sofort als ein grausiger Ort. Eine einzige riesige Gruft. Umgeben von toten Königen und Königinnen. Die Sarkophage von Elisabeth I und Maria Stuart zusammen in einer Nische, es schüttelte uns. Obwohl, Elisabeth bestimmt nichts dagegen hatte, es war ihr ja zuwider, ihre Cousine

Maria Stuart hinrichten zulassen. Sie musste damals leider so handeln um auf dem Thron zu bleiben. Maria, an ihrer Stelle, hätte ihren Kopf bestimmt viel früher rollen lassen! Claira und ich hatten genug von diesem Ort, wir wollten nur noch an die frische Luft, zumal wir auch noch einen Riesenhunger hatten und auf die Toilette mussten (typisches Frauenproblem, Männer stellen sich einfach in eine *stille* Ecke und wir Frauen...?). Zum ersten Mal sank unsere Laune auf den Null-Punkt. Unser nächstes Ziel hieß Picadilly Circus. Mit Bangen, das es dort ein Restaurant, Pub, oder dergleichen gibt, fuhren wir hin. Da ich die ganze London Tour geplant hatte, fühlte ich mich für unser Wohlergehen verantwortlich. Und wieder hatte ich Glück. Fast Food ließ grüßen. Mit Burger, Kaffee und Toilette, war unsere gute Laune, wieder da, und so ging es mit frischem Schwung zum Tower Hill. Wouw, sehr beeindruckend war es in dem historischen Gelände und Gebäuden umher zu gehen. Hier hatten einige englische Könige vor Jahrhunderten Geschichte geschrieben. Besonderes Highlight war natürlich, die Rüstung Heinrich der 8. mit *Boxenstopp*. Claira konnte sich gar nicht mehr einkriegen. Wir kamen zu dem Beschluss, dass die Ausbuchtung an der Rüstung, schlichtweg übertrieben war. An der Hinrichtungsstelle von Anna Boleyn, der 2. Frau Heinrich des 8., er ließ sie mit einem französischen Schwert köpfen, (sie hatte immer Angst vor der Axt der Henker, die ab und zu, wenn sie den Hals, des Opfers, nicht in einem Schwung durchschlugen, dann ein paar mal nachhackten) ist er nicht edelmütig gewesen, King Henry? Es überliefen mich eiskalte Schauer. Dann begrüßten wir die schwarzen Raben, deren Geschichte besagt, dass die Monarchie in England solange bestehen wird, solange es Raben im Tower Hill gibt. Sicherheitshalber wurden ihnen die Federn gestutzt damit sie nicht wegfliegen können. Bei akuter Gefahr durch Vogelgrippe werden sie eingesperrt, denn sicher ist sicher. Die Aussicht aber auf die berühmte Tower Bridge begeisterte uns gleichermaßen.

London we love you.

Mit the Tube (U-Bahn) zu fahren ist wirklich ein Kinderspiel. Es gibt trotz Menschenmengen keinerlei Geschubse oder Gedränge, ordentlich reihen sich die Briten ein. Auf den Rolltreppen wird sich auf die rechte Seite gestellt, so dass besonders Eilige links vorbei können. Es funktioniert tatsächlich. Ich, als Deutsche, stand natürlich als Einzigste links und wunderte mich darüber, dass die Leute vor mir alle rechts standen, bis endlich auch ich das Schild las. Schnell stellte ich mich auf die andere Seite. In Deutschland würde das nie klappen. Das einzigste Problem in der U-Bahn, war, dass ich jedes Mal , wenn wir durch einen Schalter wollten, einen Bahnangestellten suchen musste, der mich durchließ, da ich, gleich am Anfang, mein Ticket in die Hosentasche gesteckt hatte und sie dabei so zerknickte, dass sie von den Automaten nicht mehr angenommen wurde. Na ja, immerhin hatten wir dabei Kontakte mit den *Einheimischen*.

Leider hatte die St. Paul Cathedral kurz vor unserer Ankunft geschlossen. Aber, und das war enorm wichtig, man kann es sich schon langsam denken…konnten wir die Toilette noch schnell benutzen. Das ist ja auch schon was. Die Toilette der St. Paul Cathedral.

Doch so langsam forderten meine Füße dann Schuhfreiheit! Wie immer, wenn es kurz vorm Ziel ist, in diesem Fall unser Hotel, wird Claira Olympiareif. Ist sie vorher noch müde geschlurft, läuft sie plötzlich in Hochform auf, wie ein Pferd das seinen Stall riecht und in Galopp einfällt.

Im Zimmer gab es dann eine kleine Springbrunnenfontäne meiner Wasserflasche, sodass wir aufs Bett sprangen, vor Schreck. Müde haben wir uns dann noch den guten, alten Musikladen, angeschaut im Fernsehen. Man stelle sich vor, da fliegen 2 muntere Hausfrauen nach London, um Urlaub von ihrer Familie zu machen und was tun sie? Sie liegen abends im Hotelzimmer und schauen sich alte, deutsche Karamellen im Fernsehen an. Aber unsere Füße dampften um die Wette und wir beschlossen ihnen Ruhe für Heute zu gönnen.

Der dritte Tag ohne Familie ist angebrochen, und Clärchen durfte von alleine aufwachen. Hatte mich nach dem gestrigen Desaster nicht getraut, sie nochmals aufzuwecken. Nach unserem Styling und Frühstück wurde heute der Portobello Market (längster Antiquitäten-Flohmarkt) von uns gestürmt. Wunderschöne Sachen gab es da, wenn jemand sich für Antiquitäten begeistert ist es ein absolutes MUSS! Habe das Abzeichen, der Mc Murrays gesehen, ein schottischer Clan, dabei sah ich mich in den Zeiten der Clankriegen, als Kämpfer mit Schwert, brüllend vor Kampfeslust auf den Gegner zu rennend. Wahrscheinlich wurde ich dann auch recht schnell niedergestreckt. Schwerter und Schottland üben seit jeher eine Faszination auf mich aus. Wenn ich eine Landkarte von Schottland sehe, rieche ich die Schlachtfelder und kann sagen wo sie liegen.

Zurück im Hotel, verbrachten wir dann ungefähr 2 Stunden mit dem Suchen, der Kreditkarten von Claira. Sie hatte sie vorsorglich versteckt, bevor wir zum Portobello Market gingen, da es von Langfingern da nur so wimmelt, sie dem Hotel aber, auch nicht so recht traute. Jetzt wollten wir eine Shopping Tour machen und brauchen die Kreditkarten bestimmt noch. Völlig aufgelöst, mit vielen Flüchen und Verdächtigungen auf die Zimmermädchen ausstoßend, wurde sie dann doch noch fündig. Nach ca. 4 maligen überprüfen ihrer Kulturtasche, entdeckte sie in derselbigen ein Seitenfach, und was fand man darin? Richtig, die vermissten Karten, die auf einen Einsatz warteten.

Nachdem wir erstmal in den verkehrten Bus eingestiegen sind und in einer abgelegenen Stelle ausstiegen, uns war leicht mulmig zumute, erwischten wir doch noch einen der berühmten, roten Doppeldeckerbusse. Logisch dass wir uns nach oben zwängten. Zum Glück machten wir die Bekanntschaft eines deutschen Pärchens, das uns Bescheid gab, wann wir aussteigen mussten, sonst würden wir vielleicht heute noch mit dem Bus durch London streifen.

Da war sie nun …...die Oxfordstreet! Ich kann mit
Bestimmtheit sagen dass wir jeden Laden besucht haben.
Abends war ich bis zur Taille abwärts noch fit, aber meine
Beine konnten nicht mehr weiter. Es war nichts zu machen.
Claira hatte ihre beiden Socken durchgelaufen, sie konnte mir
mit ihren großen Zehen zu winken. So was nennt man
Sockenschuss.
Auf dem Weg zum Hotel machten wir noch die Bekanntschaft
eines Fuchses, der uns recht verdutzt, auf dem Gehweg,
anstarrte, um dann in einem Vorgarten zu verschwinden. Mir
fiel ein Bericht ein, den ich unlängst gelesen hatte, dass die
Tiere sich immer mehr in die Städte reinwagen, auf der Suche
nach etwas fressbarem, da die Menschen ihren natürlichen
Lebensraum immer mehr einschränken.
Im Hotel angekommen, mussten wir uns erstmal von unserer
Shopping Tour erholen. Kurz vor 22 Uhr fiel uns dann ein,
dass die Pubs hier in England nur bis 23 Uhr geöffnet haben.
Das heißt, wir kennen mittlerweile Pubs, die kennt kein
Engländer, nämlich gar keine.
Nichtsdestotrotz ließen wir uns die gute Stimmung nicht
nehmen und schauten dafür einen Oldieabend mit Manfred
Sexauer (ehemaliger Moderator des früheren Musikladens) im
TV an. Einstimmig beschlossen wir das nächste Mal, wenn
wir London besuchen uns tagsüber zu schonen, damit wir
abends die Pubs besuchen können, sozusagen eine London-
Pub-Tour for german housewives.

Letzter Tag – Abschied!
Ganz London trägt Trauer, denn wir müssen wieder
Heimfliegen. Noch einmal können wir die Disziplin der
Briten bewundern. Feueralarm auf dem Flughafen Heathrow.
Von Panik keine Spur. Wir waren gerade beim Essen, und
dachten es wäre nur ne Probe, als dann aber alle Gäste und
auch die Angestellten das Restaurant verließen, glaubten wir
es. Jeder schnappte sich sein Gepäck und ging gelassen und

18

ohne Hektik zum Ausgang. Dort wurde ohne Aufregung gewartet, um dann nach der Freigabe wieder ordentlich zu seinem vorherigen Platz zurück zu gehen. Beim Einchecken outeten wir uns als Deutsche, denn wir hatten (typisch) absolut keine Geduld für die Bodenstewardess. Die, meine liebenswerte Freundin, mit Stewardessschnecke, die das Gnadenbrot hier bekommt, titulierte.

I love the British People, selbst die Flugzeuge sind in Reih und Glied, in einer Warteschlange zu sehen.

Wir hatten 4 wundervolle Tage und flogen mit frisch getankter Energie zurück ins heimatliche Gefilde, nicht ohne vorher uns gegenseitig zu versichern, uns öfters solche Trips zu gönnen.

Zuhause war mein Mann mit den Kindern schon vor mir eingetroffen. Während Dennis und Florian sich freuten mich wieder zu sehen, war mein Mann noch immer beleidigt. Das ich so was gewagt habe. Es war Muttertag und weder ein kleines Blümchen, noch sonst etwas wurde mir geschenkt. Nicht das ich das erwartet hätte…...

Claira ist das ja schon gewöhnt, sie bestellt sich immer selbst einen Kuchen, in Herzform, zum Muttertag.

Zumindest Legolas freute sich dass ich wieder mit ihm trainierte. Bin dann auch gleich mit ihm und Boromir gelaufen, war natürlich super anstrengend. Musste mich danach erstmal in *Lothlorien* bei der *Elbenhexe* Claira erholen, mit einem Kaffee.

Ab und zu betrachte ich jetzt liebevoll meinen Reiseadapter vom Harrods, der in meinem Kulturbeutel einen Ehrenplatz hat. Meinen Stadtführer habe ich Doreen (Mutter eines Klassenkameraden von Dennis und Freundin von mir) ausgeliehen, die seit kurzem einen Briten zum Freund hat, der Günstigerweise, in der Nähe von London lebt. Ich hege starke Hoffnung, alsbald diese tolle Stadt wieder sehen zu dürfen. Dann stehen, ein Besuch im Shakespeare Theater und Besuche in Pubs, an vorderster Stelle.

Dummerweise habe ich erst nach unserer Rückkehr erfahren, dass der Schauspieler Sean Bean (Boromir) Macbeth im Theater, während unseres Aufenthaltes, gespielt hatte….

Claira vorm Buckingham-Palace

Elbi vorm Big Ben

Irland unsere Seelenheimat

Es dauerte leider 3 Jahre, bis meine Freundin und ich erneut eine kleine Auszeit von unseren Familien nehmen konnten. Wir wollten ans Meer, es sollten Wälder da sein, keine Hitze, keine Partys a la Mallorca, Ballermann (wir haben uns, in unseren 20 er Jahren genügend ausgetobt, außerdem war durch unsere Kinder jeden Tag zur genüge Trubel angesagt). Ruhig sollte es sein, und ganz viel Natur. Die Heimat von Feen, Elfen, Kobolde und Zwergen sollte es sein. Wir wollten die Nähe der Naturgeister spüren und erahnen. Wo konnten wir dies alles am besten erleben? Es war schnell klar. Dies konnte uns nur die *grüne Insel* Irland geben. Nachdem wir uns lange genug von Irland vorgeschwärmt hatten, wurde es endlich wahr. Da stand allerdings noch eine kleine Nebensächlichkeit im Wege. Wie bringen wir es diesmal unseren Männern bei, zumal es auch noch 6 Tage sein sollten. Bei Claira kam dann noch hinzu, dass Marvin, ihr ältester Sohn, in dieser Zeit seinen 17. Geburtstag hatte. Wir boten ihm an, mit nach Dublin zu kommen. Aber er hatte keine Lust mit 2 *älteren* Damen zu verreisen. Nach einigen Tiefschlägen setzten wir uns dann doch noch durch und es konnte losgehen. Ab und zu bekam Claira noch etwas Muffen, ihren Sohn, an seinem Geburtstag alleine zulassen, aber ihr Mann hat ihr die Bedenken ausgeredet. Marvin selbst redete ihr auch noch gut zu, was irgendwie verständlich war, denn wenn seine Mutter weg war hatte er mehr Freiheiten….! Mein Mann war zu dieser Zeit gerade beruflich selbstständig und konnte sich die Zeit für unsere Kinder einteilen.

Am 28. März 2005 war es dann soweit.
Am vorherigen Tag wurde mein Koffer wieder zum x ten mal umgepackt, man kennt es ja schon, und mein Onkel durfte uns wieder zum Flughafen nach Frankfurt fahren. Diesmal waren wir Beide Infektfrei und konnten uns schon bei der Hinfahrt entspannen, da keinerlei Gefahr bestand, von meinem Onkel ausgesetzt zu werden. Aber je näher wir dem Flughafen kamen umso mehr wünschten wir uns eine Bustour gebucht zu haben und nicht mit einem Leihauto durch die Landschaft zu fahren. In einem fremden Land mit Linksverkehr auch noch. Wer kam bloß auf so ne Idee? Auch war ich nicht mehr so ruhig, wie bei einem Flug wie in jüngeren Jahren. Plötzlich fielen mir sämtliche Unglücke ein, ich fragte mich insgeheim ob ein Arzt an Bord sei, oder eine Krankenschwester, ich könnte ja während des Fluges kollabieren. Bestimmt hatte ich Bluthochdruck, mein Herz raste immer schneller. Die Flasche Rescue Tropfen (homöopathische Notfalltropfen, die ich grundsätzlich immer in meiner Handtasche habe, wie Arnika, Desinfektionsspray und Pflaster, für meine Jungs) hatte ich im Flughafen schon leer getrunken. Schließlich hoben wir ab, ich beobachtete mich, horchte in mich rein und? Nichts, absolut nichts! Ich seufzte erleichtert, neben mir seufzte es auch und wir konnten die restliche Flugzeit genießen. Beim Rückflug habe ich mich dann nicht mehr so angestellt. Nach unserer Landung in Dublin, steuerten wir sogleich die Autovermietungsstelle an. Wir entschieden uns für ein Auto mit Automatik, obwohl es mir eigentlich widerstrebte, Automatik, pah, dass ist doch unsportlich. Doch meine Reisegefährtin meinte es wäre einfacher nicht auch noch beim Schalten umdenken zu müssen (zur Erinnerung, in irischen Autos ist die Schaltung links). Im Laufe der Woche war ich dann doch recht dankbar für diese Erleichterung. Schließlich machten wir uns auf die Suche nach unserem Leihwagen. Ungefähr eine Stunde später, wir kannten schon fast alle Parkplätze des Flughafens, war von unserem

himmelblauen Micra noch keine Spur zu sehen. Ich hatte bei der Standorterklärung verstanden, across the street after the crosswalk. Claira verstand: after the crosswalk, the right side. Sie meinte, am nächsten Tag werde sie wohl vom Kofferziehen Sehnenscheidenentzündung haben. Unterbrochen durch mehreren Lachattacken, fanden wir dann doch noch unser *Hustengutzel*. Da saßen wir in diesem blauen Micra, der wie ein Bonbon aussah und wussten plötzlich nicht mehr wie man die Automatik bedient. Notgedrungen, immer wieder von unserem Gekicher unterbrochen, klärte uns ein Mitarbeiter, der Mietwagenfirma, über die Geheimnisse des Autos auf. Mit diesen Informationen gewappnet, fand Claira den Mut, als Erste zu fahren. Sie machte den Motor an, betätigte die Automatikschaltung und…? Es klappte. Berauscht von diesem Erfolg erbot sie sich bis zu unserer Pension in Lough Dergh weiter zu fahren. Ich bewunderte ihren selbstlosen Einsatz neidlos. Was soll ich sagen? Außer das sie einmal auf die Kupplung getreten ist, wo keine war, dadurch plötzlich gebremst, und der Autoscheibe bedenklich nahe gekommen, sind wir nur noch an einen Bordrand mit dem Reifen geknallt, da sie etwas zu scharf in die Kurve gefahren ist, vor Freude, einen Mac Donalds entdeckt zu haben. Wir hatten in der Zwischenzeit einen enormen Hunger bekommen, und waren froh, etwas Bekanntes zu sehen. Spätnachmittags kamen wir dann ohne weitere Vorkommnisse in unserer Pension an. Leider hatte ich, sämtlich Fotos gelöscht, die ich bei dieser schönen Fahrt aufnahm. Ich wollte eigentlich nur ein Bild von mir löschen, dass ich sehr unvorteilhaft fand (ich finde mich meistens unvorteilhaft auf Bildern, am schlimmsten auf denen welche mein Mann macht), und habe in Unkenntnis des Fotoapparates (der natürlich erst kurz vorher gekauft war) alle gelöscht. Ab da wurde Keines mehr von mir konfisziert, sondern erst zu Hause auf dem PC disqualifiziert, falls es denn welche zum Aussondieren gab. Unsere 1. Station war also am Lough Dergh. Die felsige Insel, Station Island, inmitten des Sees ist ein bekanntes Pilgerziel. Der Sage nach soll St. Patrick (der Schutzheilige Irlands) hier vierzig Tage lang betend und fastend zugebracht haben. Während der Pilgerzeit von Juni bis August darf die Insel nur von Gläubigen betreten werden. Diese bleiben drei Tage und drei Nächte und ernähren sich in dieser Zeit ausschließlich von schwarzem Tee und Toast. Nun, wir waren zwar Ende März da, aber besucht haben wir die Insel dennoch nicht.

Unsere Unterkunft fand ich etwas schmuddelig, nach kurzer Inspektion meinerseits, lag in einem Nachtschränkchen, ein getragener Schlafanzug, der wohl längere Zeit dort vor sich hin gemuffelt hat, aber laut meiner *Halbelbenfreundin*, absolut kein Vergleich zum Nachtlager mit Viggo (hat den Aragon aus Herr der Ringe gespielt) und Legolas wäre. Wobei ich dem heftig widersprechen muss, Elben sind sehr reinlich und sauber, fasst man sie an, dann quietscht die Haut, so sauber sind die! Ok, bei Halbelben und Waldläufer, die dann auch noch Streicher und Stinker (Kosenamen von Claira für Viggo) heißen, sieht es wahrscheinlich nachlässiger aus. Als krönender Abschluss unseres schönen Tages, genossen wir die wunderschöne Aussicht auf den See und beehrten den Dorfpub mit unserem Besuch. Es gab Life Musik, die aus, Opa der auf der Fiedel spielt, dem Sohn der Akkordeon spielt und dem Enkel der Gitarre zupft, bestand. Nach dem Genuss eines Guinnessbieres war ich dann kurz davor einen *Riverdance* auf dem Tisch zum Besten zu geben. Meine Begleiterin meinte aber, trocken, ich solle nicht gleich am ersten Abend mein gesamtes Potential offen legen! So machten wir uns halt auf den Heimweg. Angedudelt von dem Bier, fand ich unser Zimmer schließlich recht ansprechend und klatschte Applaus, weil Claira in ihrem *Wölkchen-Schlafanzug* einfach hinreißend aussah. Selig schlief ich ein.

Übrigens hatte uns jeder vor dem typischen Regenwetter in Irland gewarnt. Seit wir hier gelandet sind, gab's

Sonnenschein pur, als ob sich das Land uns von seiner besten Seite zeigen wollte.

2. Tag

Nach einer wunderbaren, durchgeschlafenen Nacht, sind wir voller Erwartung auf unser nächstes Reiseziel, recht früh aufgestanden. Mary (die Pensionswirtin) machte uns ein leckeres Frühstück und so konnten wir gut gestärkt weiterfahren.

Ich bin gefahren! Ja, ich habe es gewagt, und was soll ich sagen? Links! Mit Automatik! In einem himmelblauen Hustengutzel!

Am Anfang klebte Clärchen des Öfteren an der Windschutzscheibe, vor Schreck, aber nach einiger Zeit, dann und wann, erwischte ich sie, wie sie sich entspannt zurücklehnte. Nur selten kniff ich die Augen zusammen, wenn der Abstand zum Gegenverkehr sehr knapp war. Die gute Claira war recht zufrieden mit mir, und ich durfte bis nach Dingle durchfahren. Zwischendurch machten wir kleine Halts, um in einem Coffeeshop, Sandwichs zu essen, oder wir genossen einfach nur die schöne Landschaft. Irland hat 78 verschieden Grüns!

Die Häuser in den Städtchen, durch die wir fuhren, waren alle in vielen bunten Farben angestrichen, was sehr nett aussieht. In Dingle angekommen fanden wir sofort unsere nächste Pension, nachdem wir rein zufällig an ihr vorbeigefahren waren. Das ist bei uns sehr ungewöhnlich, da ich zwar alles finde, aber meist über große Umwege und das dauert dann einige Zeit.

Dingle ist ein hübsches, kleines Touristenstädtchen, im Süden Irlands, direkt am Meer. Mit einigen Souvenirläden und Restaurants. Sehr interessant ist es an der Küstenstrasse entlang zu fahren. Voller Haarnadelkurven, Bächen die über die Straßen gehen, und jede Menge Schlaglöchern, die ich jedes Mal erwischte. Es machte mir richtig Spaß zu fahren und entdeckte eine auf einmal eine völlig neue Seite an mir. Solche Strecken überlasse ich Zuhause sonst immer gerne meinem Ehemann, aber vielleicht lag es auch an unserem blauen Autobonbon. Überall gab es Wiesen mit Veilchen, Schlüsselblumen und immer wieder den gelbblühenden Ginster, dazwischen sprangen neugeborene Lämmchen mit ihren Herden. Hier konnten wir so richtig durchatmen.

Auf der Rückfahrt zu unserer Pension, machten wir dann doch noch unsere obligatorische Extrarunde (verkehrte Abfahrt genommen) und einmal bin ich kurz auf die rechte Straßenseite abgekommen, *Mama* Claira hat aber zum Glück aufgepasst und einen kleinen *Schreier* losgelassen. Danach war mein linkes Ohr taub.

Zum Abendessen, dass wir in einem netten Pub zu uns nahmen, gab es dann *Kartoffeln poppen Käse*, was sich als Kartoffelgratin rausstellte. Noch ein kleines Guinness und wir waren mehr als zufrieden mit unserem Tag.

Unsere Pensionswirtin hieß übrigens – Mary -! Im Zimmer stellten wir dann fest, dass unsere Betten Rollen haben, da können wir im Schlaf dann weiter Auto fahren. Recht schnell schlief ich wieder ein, dank meines Guinness. Falls ich Probleme mit dem Einschlafen gehabt hätte, hätte ich ja Wölkchen zählen können, dank des Pyjamas von meiner Zimmergenossin.

Das Wetter war uns auch an unserem 2. Tag hier hold, kein Regen, sogar Sonnenstrahlen wurden gesichtet!

3. Tag

Am nächsten Morgen war Clairas Bett ein ganzes Stück in die Zimmermitte gerollt, wahrscheinlich hatte sie einen sehr lebhaften Traum. Für diesen Tag hatten wir die Küstenstraße *Ring of Kerry* geplant. Eine einzigartige Panoramastraße. Heute durfte Claira fahren. Aber sie ist ja eh schon ein alter Hase, mit dem Linksverkehr. Nur manchmal kamen mir so hier und da, einige Bedenken, ob nicht lieber ich fahren sollte. Plötzlich rief sie z. B.:" Links – Rechts", sodass ich gar nicht wusste was jetzt passierte. Bis ich mich dann für eine Richtung entschieden hatte, waren wir schon wieder weiter. Sie erzählte mir dann mit Begeisterung, das links ein Wasserfall zu sehen war und rechts ein kleiner Fluss. Zwischendurch machten wir einen Halt bei einer Hotelbar, wo uns der Kellner voller Begeisterung, dass wir Deutsche sind, den Kaffee spendierte. Es stellte sich heraus, dass seine Freundin und auch andere Freunde aus Karlsruhe (wie wir) kamen und er auch schon mal zu Besuch da war. Was uns wieder einmal bewies, wie klein die Welt ist.

Dann fuhren wir weiter zum Nationalpark von Killarney. Herrlich, man konnte förmlich die Naturgeister spüren. Tja, und Claira, hat dann auch spontan, ihr neues Revier gleich *markiert*. Sprich: Es fand sich nirgends so schnell eine Toilette und so musste ein großer Felsbrocken, der mich an einen *Druidenplatz* erinnerte, für Sichtschutz herhalten. Wahrscheinlich wurde damit ein mystischer Platz entweiht, aber zumindest hatte Clärchen einen gigantischen Ausblick auf den dahinter liegenden See, wo sie gedanklich ein Haus am Ufer, baute. Da ich nicht so begabt bin, auf halsbrecherische Weise, und auch das Gefühl mich die ganze Zeit begleitete, von Naturwesen beobachtet zu werden, und mir das dann doch zu peinlich war, auch mein *Zeichen* zu setzen, fuhren wir in rasanter Weise in die nächste Stadt hinein. In Killarny fand sich dann ein *standesgemäßes* Örtchen in einem Cafe. Sauber, fast keine Gäste, und 4 Toiletten, mir kamen vor Freude schon fast Tränen, bzw. vor Erleichterung.

Abends bei unserem *half pint Guinness* beschlossen wir einträchtig, allem Männlichen zu entsagen, Elben und Halbelben natürlich ausgenommen. Später thronte meine *Süße* in ihrem Wölkchenpyjama im Bett, Brille auf, ein Buch in der Hand und der Bauch sang ihr, dank vorher, einverleibtem Chicken tikki Massala, was vor. So laut, dass

ich davon in den Schlaf gebrummt wurde. Aber so ist sie halt, die Gute, will immer andere auch teilhaben lassen….
Übrigens, das Gälische (ursprüngliche Sprache der Iren) hört sich wie Schweizerdeutsch an.
Den ganzen Tag über schien die Sonne. Ireland will be love us.

4. Tag
Oh, weh, Claira erwachte mit einem Loch im Magen. Wir, uns also fix fertig gemacht, und zum Frühstücksraum gesputet, und? Verschlossen! Meine Begleiterin war den Tränen nahe: „ „Wir sind zu spät, überall gibt es Frühstück nur bis 8.30 Uhr und jetzt ist es 8.25Uhr, ich wollte ja schon um 7.30 Uhr aufstehen, aber Du hattest gesagt es reicht später." Waren ihre vorwurfsvollen Worte. Puh, ich habe das wohl gesagt, denn ich kenne keine Pension oder Hotel, wo es nur bis 8.30 Uhr Frühstück gibt, bis 10 Uhr mindestens ist eigentlich üblich. Wir also wieder zurück ins Zimmer. Zum Glück hatten wir einen Kaffeekocher auf dem Zimmer und konnten wenigstens einen Kaffee trinken. Leicht angesäuert brachen wir zu unserer Tour auf, um kurz darauf festzustellen, dass der Frühstücksraum nun geöffnet war. Frühstück gab es hier **ab** 8.30 Uhr. Rekord mäßig stieg unsere Laune und wir bestellten zur Abwechslung Eier. Werde langsam selbst zum Huhn. Morgens gab es sämtliche Variationen von Eiern, Rühreier, Spiegeleier, gekochte Eier, Soleier, pochierte Eier, mittags Hühnchensandwich und abends Hühnchen mit Reis. Wahrscheinlich bekomme ich bald den Eierschock.
Heute regnete und stürmte es. Endlich können wir das typische Irlandwetter auch mal genießen. Als echte Abenteuerfreaks wollten wir es an diesem Tag wissen. Wir fuhren über den Connor Pass, den ich normalerweise Zuhause nicht mal bei schönem Wetter gefahren wäre. Oben angekommen, stürmte es so stark, dass ich es mit der Angst bekam, samt Auto weggeblasen zu werden. Nun wollte

Claira auch noch unbedingt raus, die Aussicht genießen, wenn man schon mal da oben ist. Innerhalb kürzester Zeit hatte der Wind sie überall aufgeblasen, ihre Windjacke blähte sich so auf, dass sie starke Ähnlichkeit mit dem Michelinmännchen hatte. Dabei hielt sie sich verkrampft am Auto fest, und ich sah sie schon davonfliegen. Nach 3 Minuten Aufenthalt draußen, robbte sie sich am Auto entlang und setzte sich wieder rein. Ohne weitere Zwischenfälle sind wir dann runter gefahren.

Da es immer noch regnete, beschlossen wir in Traley, ein größeres Städtchen, zu bummeln.

Abends beschlossen wir einstimmig, wieder einmal, den Männern zu entsagen, Elben und Halbelben, wie gehabt, ausgenommen. Wir überlegten, wie viel wohl ein Haus mit Grundstück hier kosten würde.

Und in Istanbul ist Schlechwetterfront! Was will man mehr, hier hat sich das Wetter wieder aufgehellt.

Das Abenteuer geht weiter.

5. Tag

Super Anfang heute morgen. Wir mussten erstmal warten, kein Tisch im Frühstücksraum war frei. Wieder einmal sank die Laune, ohne Kaffee in den Keller. Das Wetter sah auch nicht so toll aus. Aber als echte Irlandfreaks, die wir mittlerweile geworden sind, ließen wir uns durch solche Nebensächlichkeiten nicht abhalten, die Natur trotz alldem zu genießen. Nachdem wir dann endlich auch unseren Kaffeedurst gelöscht und uns mit Eiern, was sonst, gestärkt haben, fuhren wir gen Süden runter. Je länger wir unterwegs waren, desto mehr klärte sich das Wetter auf. Wir hielten bei Ross Castle und schauten es uns von außen an. Claira verbeugte sich in alle 4 Windrichtungen, als ich ihr sagte dass ich für die Burg keinen Eintritt zahlen werde. Doch als sie dann erfuhr dass der Eintritt 5,-- Euro kosten sollte, wollte sie plötzlich auch nichts mehr davon wissen. Das soll nun aber nicht heißen, das ich generell so geizig bin, oder etwa gar ein Kulturbanause, ich hatte bloß keine Lust miefige Räume anzuschauen, und in alten Gemäuern mieft es halt, wo es hier in der Gegend bestimmt interessantere Burgen gab. Wir erkundeten den Park ringsherum und das war zum Glück der bessere Entschluss. Es war einfach traumhaft, die Bäume waren mit Moos bewachsen, so dass man sich sofort ins Elfenland versetzt fühlte. In mir kam ein Kloß hoch, der wohl schon recht lange in meiner Kehle festsaß. Ich musste mich *Freistöhnen*, mitten im Wald. Claira meinte, es habe sich angehört, wie ein alter Geißbock, der geölt werden muss. Es tat supergut und ich kann das nur Jedem empfehlen. Wobei man wahrscheinlich dann keine Stille mehr in der Natur genießen kann, wenn es von allen Seiten *röhrt*. Ein Dixieklo haben wir dann auch noch am Waldrand entdeckt, leider verschlossen. Es hat sich hier wohl schon herumgesprochen, dass die 2 Deutschen, überall ihre *Marke* hinterlassen müssen und Eine davon Probleme hat sich einfach hinter einen Baum oder Busch hinzusetzen. Aber wahrscheinlich hat Legolas das Toilettenhäuschen für mich hinstellen lassen (der Gute), und leider vergessen mir den Schlüssel zu hinterlegen.

Habe am Moos gerochen (riecht tatsächlich wie irischer, könnte mich bei *Wetten dass* anmelden, mit verschiedenen Moosstückchen aus unterschiedlichen Ländern, aber eigentlich wollte ich schon eine andere Wette einreichen, dass ich alle Nasen von den Herr-der-Ringe Darstellern erkennen kann, es müssten dann aber schon in die Originale in der Sendung sein, denn fast alle Darsteller haben ziemlich markante Nasen, um nicht Zinken zu sagen), Erde in die Hand genommen. Nie hatte ich mich an einem Platz wohler gefühlt und der Erde so nahe. Ich schloss die Augen, es begann sich alles zu drehen (nein, es war keine Kreislaufstörung und ich hatte keinen Alkohol getrunken, auch kein Guinness), es dröhnte in mir und einen Moment lang glaubte ich, wenn ich die Augen aufmache befinde ich mich in einer längst vergangenen Zeit. Langsam beruhigte sich alles wieder in mir und wir gingen weiter spazieren.

Ein *altes* Gemäuer haben wir uns dann doch noch angesehen. Muckross House, ein ehemaliges Herrschaftshaus aus dem 19. Jahrhundert. Es war im viktorianischen Stil erbaut worden und dient heute unter anderem als Volkskundemuseum und Handwerksbetrieben. Der Eintritt kostete 5.20 Euro. Der war es schon wegen Clärchens *Knalleraussage* wert: "Wieso hängen hier so schwere Teppiche an den Wänden, die machen doch alles dunkler?" Ich erklärte ihr, dass die Teppiche an den Wänden nicht nur der Zierde wegen aufgehängt wurden, sondern auch die Kälte von außen abhielten. Meine Reisegefährtin daraufhin:" Sind die doof? Da steht doch ein Ofen im Zimmer, es ist doch warm genug!" Ich hätte mich vor Lachen auf den Boden schmeißen können. Die Leute schauten schon mit großen Augen rum, was es hier witziges zu sehen gebe, da ich so laut lachte. Meine Freundin ist eigentlich sehr belesen, interessiert sich für alles Mögliche, sie kennt sich sehr gut in sämtlichen wissenschaftlichen Themen, Philosophien, Technischem, ob es um Versicherungen geht, Fahrräder, Kunst, und vielem anderen mehr aus. Themen bei denen ich recht schnell gelangweilt bin, da fängt sie erst richtig an, eines ihrer größten Hobbys ist die Grammatik. Man muss sich das mal vorstellen, deutsche Grammatik!! Sie bekommt auch als Erstes mein Manuskript zu lesen, zwecks der Rechtschreibung und Grammatik (Clärchen ich verbeuge mich vor Dir und Deinem Wissen). Als sie von ihrem Mann die ersten Liebesbriefe bekam, schickte sie sie ihm zurück, die Fehler Rotunterstrichen. Kurzum, wenn sie solche Äußerungen, wie in dem Herrenhaus, macht wirkt sie dann doch wieder recht menschlich.

Nach einem Stopp im Restaurant, man ahnt es schon, wurde mal wieder *Marke* gesetzt, ging es weiter mit unserem, mittlerweile richtig lieb gewonnenem Hustengutzel auf 4 Rädern. Der nächste Halt war dann der Torc-Wasserfall. Claira sprang wie ein Bergzicklein den Weg hinauf, während ich mühsam hinterher hechelte und mir zum tausendsten Mal vornahm, Zuhause wieder auf den Crosstrainer zu steigen. Wäre ich ein männliches Wesen, hätte es mir ein großes Vergnügen bereitet, ihren knackigen Allerwertesten vor mir her hüpfen zu sehen. So, beneidete ich sie um eben diesen und ihrer Ausdauer, wenn ich nicht gerade an einer Biegung stand und um Luft jappte. Die Landschaft belohnte mich aber für die Mühen überreich und ich war stolz nicht umgekehrt zu sein. Zu meiner Verteidigung war der Weg auch recht steil zum Schluss und nur wenige Leute sind uns oben begegnet. Der Wasserfall war ein Ort voller Magie. Ein Platz der zum Verweilen einlud. Man hörte förmlich den *Nöck* (Herr des Wasserfalls) wie er mit den Elfen flirtete. Woher ich das weiß? Man muss dem Rauschen des Wassers lauschen und sein Herz ganz weit öffnen, bereit sein auf seine innere Stimme zu hören und vor allem daran zu glauben dass es Naturgeister gibt.

Auf der Rückfahrt machten wir noch einen kleinen Schwenker zu *Gap de Dunloe* wo wir dann nur die Toiletten aufsuchten, ansonsten zeichnete sich die Gegend besonders durch den Touristenshop aus, der nicht ganz unser Fall war.

Claira hatte zwischendurch beim Landkartenlesen etwas nachgelassen, und bewies noch einmal menschliche Züge (ich schicke nämlich sie öfters auf Extrarunden). Nach dieser Sondertour, ging es zurück nach Dingle, um noch nach Souvenirs für meine Jungs zu jagen. Ausgerechnet der Shop den wir nicht betreten wollten, da er von außen ziemlich ramschig aussah, wurde ich fündig. Man sieht es wieder mal, nicht nach der *Fassade* sollte man urteilen und erstmal eine Chance geben. Den Kindern habe ich *echte*, irische Wunschsteine und für Ralf ein Shirt mit der Triskele gekauft. Beruhigt diese Aufgabe gelöst zu haben, gab es ein

Hühnchensandwich und unser Guinness. In Deutschland trinken wir nie Bier, aber hier schläft man so schön darauf. Im Zimmer warteten wir dann, dass einer von uns auf Töpfchen kann, unsere Verdauung ist beim Autofahren etwas hoch gerüttelt worden, schließlich machte sie sich *lautstark*, will damit sagen, das Grummeln im Bauch war laut, bemerkbar. An Körper und Seele gereinigt genehmigten wir uns noch einen Extraschlummertrunk im Pub. Während die Liefmusik aufspielte, quetschte sich ein Mann älteren Datums zu uns. Eigentlich war er ganz nett. Berichtete uns, dass er aus Australien sei und hier eine Rundreise mit dem Reisebus mache. In seiner Heimat besaß er eine Farm mit Kühen und war im sozialen Bereich tätig. Es stellte sich dann jedoch recht schnell raus, was er von mir wollte. Zuerst fing er an, ob ich glücklich verheiratet wäre. Nun ja, 2 Frauen alleine unterwegs, könnte man es durchaus denken das sie solo sind. Ich erklärte ihm, weshalb wir ohne Familie hier sind. Dazu meinte er, Australien würde mich sehr mögen, ich solle zu ihm kommen, die Jungs wären auch kein Problem. Ja, hallooooo? Ich flüsterte Claira zu, dass wir gehen sollen, zumal ich in der Zwischenzeit fast auf ihrem Schoß schon saß, da er immer näher gerutscht ist. „Ach, was", meinte meine Freundin, „der ist doch nur nett"! Schließlich klatschte der Typ mir auf den Schenkel und ich reflexions- mäßig ihm auf die Hand. Dann erklärte er:" Wir sprechen zwar nicht die gleiche Sprache, aber wir haben die gleichen Gedanken!" Hä, wie bitte, was für gleichen Gedanken?" Endlich kapierte Claira wie unangenehm es mir langsam wurde und wir verabschiedeten uns von ihm. Enttäuscht dass wir ihn nicht mit aufs Zimmer nehmen wollten, (brr, bei dem Gedanken schüttelt es mich immer noch), er dachte wohl wir verhelfen ihm zu einer heißen Nacht. Wir wollten unsere Ruhe haben und der Attraktivste war er auch nicht gerade, sodass der Verstand versagen würde und die Leidenschaft siegt. Er glaubte uns anscheinend nicht dass wir an *solchen*

Abenteuern keinen Bedarf haben und verfolgte uns noch bis
zum Auto. Fluchtartig fuhren wir davon.
Morgen müssen wir nach Dublin zurück und es tut uns jetzt
schon leid, die Gegend hier verlassen zu müssen.

6. Tag und unser letzter Tag hier in Irland.
Heute morgen sind wir superpünktlich 8 Uhr 15 im
Frühstücksraum auf der Matte gestanden, um nur ja einen
freien Tisch zu ergattern, damit es uns nicht wie gestern
erging. Allerdings verzichtete ich diesen Morgen auf die
üblichen Eier. Ich wollte mal etwas ganz Außergewöhnliches
tun, außer der Reihe essen, und habe mich spontan für Toast
mit Marmelade entschieden.
Wir nahmen Abschied von unserer Pension in Dingle und
durchquerten das Landesinnere, Richtung Hauptstadt. Ich war
etwas down, zu sehr habe ich mich in die grüne Insel verliebt,
und mit Wehmut dachte ich daran, dass wir morgen schon
wieder Heimfliegen mussten. So sehr ich mich auch auf
meine Familie freute. Darum konnte ich nicht wirklich die
Wiesen, mit den Schafherden, die Städtchen mit den bunten
Häusern, die an uns vorüber flogen, bei unserer Autofahrt,
genießen. Claira war schon ganz besorgt, wegen mir.
In Dublin angekommen, entschlossen wir unser fahrbares
„Hustengutzel" gleich abzugeben und mit einem Taxi in die
Stadt zurückzufahren.
Eine weise Entscheidung, denn, am nächsten Tag, mussten
wir schon sehr früh zum Flughafen, wodurch wir uns ein
wenig Hektik ersparen konnten. Die beschädigte Radkappe,
wo meine Claira mindestens 4 x täglich begutachtet hatte (wir
erinnern uns, an den Ankunftstag in Irland, - scharfe Kurve,
bei Sichtung des Mac Donalds?!). Nun, wir hatten Glück, es
war im Vollkaskopaket mit beinhaltet.

Die Flure in unserem Hotel erinnerten uns an die Fähren nach Sardinien, ansonsten war es sehr nett. Wir machten uns kurz frisch und bummelten dann in die City.

Wouw, 15 Jahre früher und *Templebar* wäre mein absoluter Favorit gewesen. Das ehemalige Hafenviertel wird von Straßenkunst, Rockmusik, alternative und alteingesessene Läden, französische Haute Cuisine, Szenelokale und- Restaurants, flippige Boutiquen bestimmt. Die Rockgruppe U2 hat hier ihre Karriere gestartet und kommt noch des Öfteren her.

Überall flippige Leute, absolut hipp, und das hat sich Marvin (Clairas Ältester) entgehen lassen. Im *Thunderbird*, sehr cool eingerichtet, hippe Typen, haben wir erstmal ein Riesenguinness getrunken (danach hatte ich einen Riesenaffen!). Plötzlich zog Claira ihre Waffe und.....bürstete ihre Haare, mitten im Lokal, sie hatte doch tatsächlich ihre Haarbürste rausgeholt und kämmte sich ungeniert. Ich konnte nicht glauben was ich sah!

Das Hardrockcafe war natürlich ein absolutes Muss für mich. Ich sammle schon seit vielen Jahren die Shirts des Kultcafés, von verschiedenen Städten. Mein bisher Bestes ist aus Bangkok. Da darf natürlich Eines aus Dublin nicht fehlen.

Beschwingt, durch die Musik und der Wirkung des Guinness, schwebten wir ins Hotel zurück, wo wir uns im Foyer noch einen Kaffee zum Abschluss genehmigten und dabei einen Rückblick über unseren gelungen Irlandtrip machten.

Heimreisetag, 3.04.

Das Guinness war wohl doch zuviel für mich gewesen. Konnte kaum schlafen wegen Übelkeit. Selbstschuld!

Dabei entdeckte ich aber dass Clärchen schnarcht, zwar nur 3 Minuten, aber es sind Schnarcherle! Unser Bett war so eng, dass wir mit Leichtigkeit Löffelstellung hätten einnehmen können.

Uah, 5 Uhr 30 morgens, zum Flughafen, welch unchristliche Zeit!

Am Flughafen war die Hölle los. Wir waren total schockiert. So früh und schon ein Höllenlärm! Dann mussten wir auch noch Anstehen beim einchecken. Zum Glück ist Claira immer ein wenig vorwitzig und so sind wir dann doch noch rechtzeitig durchgekommen.

Ich konnte es gar nicht fassen im Flugzeug zu sitzen und zurück in den Alltag kehren. Nur die Vorfreude auf unsere Familie ließ uns den Abschiedsschmerz überstehen.

Ein letzter Blick, durch das Fenster; wir schauten uns an und wussten, es war nicht das letzte Mal, dass wir dieses herrliche Land besuchten!

Ich würde sogar sagen, es ist die Insel wo meine Seele Urlaub macht und frei atmen kann!

Elbi auf Abwegen

Claira Serafina Hexenglanz und Elbenrose

Rock Castle

Am Strand von Dingle

Irisches Rezept:

Man nehme:
eine Nase voll ständig wehendem Wind
mindestens 7 Schreie eines Seeadlers
fein zermahlene Klippensteinchen von den Cliffs of Moher
etwas Elfenspucke
reichlich Schamrock-Samen
dazu den Zauber irischer Seen
ein Maß unvergleichlich grünes, irisches Gras,
[selbiges mit sehr viel Liebe zerkleinert]
etwas Grusel aus alten Schlössern und Burgen
eine große Portion irische Gastfreundschaft
zum Schluss füge man der Masse ein großes Stück irischen
Himmel zu
das alles vermische man mit sehr viel Gefühl und Liebe
auf kleiner Flamme unter ständigem Umrühren so lange
köcheln lassen,
bis man eingehüllt ist in irischen Flair
ABER VORSICHT:
Dieses Gericht liegt schwer im Magen
wenn man dieses Land nicht ganz tief in seiner Seele liebt.
DENN:
Man kann nicht IN Irland leben
man muss MIT Irland leben

Schweiz – ab auf die Berge

Wir überlegten nach langem hin und her, wie wir es fertig brächten erneut eine Auszeit nehmen zu können. Es gelang uns tatsächlich im darauf folgenden Jahr wieder ein paar Tage Urlaub vom Alltag machen zu dürfen.
Irland war diesmal leider finanziell nicht machbar, als meinem Mann 1 Woche kostenlos, in einem Hotel am Vierwaldstädtersee, Schweiz, von einem Geschäftspartner angeboten wurde. Übernachtung mit Frühstück Da Ralf die nächste Zeit keinen Urlaub nehmen konnte, bot er uns, Claira und mir, dieses tolle Angebot an. Das war sehr großzügig von ihm und wir zögerten natürlich nicht lange. Das einzigste Problem war das Auto.
Wir haben zusammen genommen 4 Autos, aber es wäre beinahe daran gescheitert, dass wir keines zu dieser Zeit mitnehmen konnten. Bei Claira war es so, dass, ein Auto geleast war, und nur wenige Kilometer haben durfte. Das Andere musste dringenst in eine Werkstatt.
Unser Familienauto wollte Ralf benutzen, die Kinder zu seinen Eltern zu fahren, die über 400 km von uns entfernt wohnen, da sein kleineres Auto abgefahrene Reifen hat und er diese lange Fahrt mit diesem Auto nicht riskieren wollte. Zu guter Letzt entschieden wir uns, dass wir nicht wie letztes Jahr 6 Tage wegfahren, sondern nur 5, damit Ralf einen Tag später die Kinder wieder abholen konnte, denn er dieses Mal konnte er nicht die ganze Zeit bei seinen Eltern bleiben, da er arbeiten musste.
Glücklich überhaupt fahren zu können, wurden die Koffer gepackt. Diesmal war es einfacher, denn im Auto kann man ja mehr mitnehmen wie im Flugzeug. Also, sämtliche Schals, Stiefel, Wasserkocher, Wärmflaschen, reingepackt, denn man weiß ja nie wie die Temperaturen in der Schweiz sind.

Mein Navigationsgerät gab schon bei Freiburg den Geist auf, bzw. wollte anscheinend nicht in die Schweiz. Vorsorglich hatte Claira ihres mitgenommen und wir konnten beruhigt weiterfahren. Ich bin mir aber sicher, wir hätten auch ohne diese technischen Geräte alles gefunden, mit kleinen Umwegen zwar, aber das macht manchmal den Reiz erst aus. Als erstes machten wir einen Abstecher nach Dornach, wo das Goetheanum, von Rudolf Steiner, steht.

Unsere Kinder besuchen eine Waldorfschule und wir haben sämtliche Werke von ihm gelesen, so dass es einen Ehrenpflicht für uns war, das Haus zu besuchen. Der Bau ist sehr beeindruckend, vor allem der Dachstuhl, der ganz aus Holz ist.

Unter Begleitung *alter Hits*, wie Waterloo von Abba, Falcos Kommissar (wobei meine Reisebegleiterin fast durchdrehte vor Begeisterung) sind wir dank unseres fehlgeleiteter Navigation, doch noch in den Genuss kleinerer Umwege gekommen, da wir die Anweisung missverstanden und etwas zu früh abbogen. Wir fuhren durch sämtliche Bergdörfer Richtung Luzern, wobei wir die Landschaft in Ruhe bestaunten. Es war eine sehr schöne Fahrt, dadurch hatten wir viel mehr davon, wie wenn wir auf der Autobahn gerast wären. Es kam uns vor als wippten die Kühe im Takt von Abba mit. Schließlich sind wir an unserem Reiseziel, in Brunnen, am Vierwaldstädtersee angekommen. Unser Hotelzimmer lag im letzten Stock unterm Dach. Keine Minibar (aber ich hatte vorsorglich 2 Flaschen Guinness mitgenommen, Almdudler hätte wahrscheinlich besser gepasst), das Dachfenster klemmte, aber ansonsten war es sehr hell und freundlich. Unterm Bett lag noch ne alte Plastiktüte, wo wir lieber nicht reinschauten, aber schließlich mussten wir ja auch nichts für unsere Unterkunft bezahlen. Da sollte man nicht ganz so penibel sein, auch wenn es nicht unbedingt einem 4 Sterne Hotel entsprach, als welches es sich bezeichnete.

Clärchen reservierte sich gleich das Bett neben dem Fenster, da sie gerne bei geöffnetem Fenster schläft. Aber ich brauch eh nur ein wenig zu warten, bis sie eingeschlafen ist und mache es einfach wieder zu. Das merkt sie nie, man könnte sie verschleppen im Schlaf, sie würde nichts merken. Eigentlich sollte man sie wirklich in einen anderen Raum tragen, und wenn sie dann aufwacht wundert sie sich wo sie die Nacht verbracht hat.

Andererseits bin ich natürlich auch sehr froh über ihren tiefen Schlaf, sodass ich kein schlechtes Gewissen haben muss, wenn ich mich nachts umherwälze.

Dann wurde der Fernseher eingeschaltet, und was kam? Ja, aber hallo, Herr der Ringe! Legolas live forev- er!!!!! Es ist schon erstaunlich was der Film (und vor allem mein Elb) bei mir für Emotionen immer noch auslöst. Irgendwann werde ich ein Buch schreiben mit dem Titel: Die Frauen von Mittelerde! Da meines Erachtens, bei Tolkien die Frauen doch recht sträflich vernachlässigt wurden. Ich werde darüber berichten, wie Boromir seine Frau kennen lernte und um sie warb, ihr alles beibrachte zum Kämpfen (was ihr größter Wunsch war). Wie sie ihm folgte, zuerst heimlich weil er der Meinung war, Frauen sollten im Heim bleiben, sie es aber vor lauter Sorge wegen ihm nicht Zuhause aushielt und gerade noch rechtzeitig kam, um ihm im Kampf gegen Orks beizustehen. Wie sie dann gemeinsam mit den *Gefährten* (siehe erster Teil von Herr der Ringe), von Bruchtal aufbrach, um dabei festzustellen, dass sie, ohne zu sprechen, mit dem Elb Legolas kommunizieren konnte. Ihre Gefühle wurden sehr durcheinander geworfen, da ihre Seele Legolas als ihre große Liebe erkannte, aber sie auch Boromir liebte und der ihr immerhin ein wundervolles Leben bisher ermöglicht hatte. Deshalb war sie sehr vorsichtig im Umgang mit dem Elben, der dies spürte und edel Abstand hielt. Galadriel von Lothlorien sah die Seelenliebe der Beiden und segnete sie. Als schließlich Boromir im Kampf gegen Orkse starb, trauerte seine Frau zutiefst und stieß den Elben weg, als er ihr beistehen wollte.

Erst lange Zeit später ließ sie ihre wahren Gefühle für Legolas zu und als sie im alles entscheidenden Kampf vor den Toren Mordors standen, gestanden sie sich ihre Liebe. Sie schauten sich in die Augen und der Augenblick währte zur Ewigkeit, die Welt versank um sie herum und erschuf sich wieder neu! Dies war nur ein kleiner Auszug in der Geschichte über die Witwe Boromirs, die natürlich ich bin….wer sonst! Grins!

Aber nun zurück zur Schweiz an den Vierwaldstädtersee.

Nach dem Film, schauten wir uns den Ort noch an. Sehr nett, für 80 jährige der absolute Hit. Im Ernst, es ist schön in Brunnen, aber für immer hier zu leben verspürte ich kein Bedürfnis, noch war ich jemals in einem früheren Leben in der Schweiz. Sardinien und Irland hatten meine Seele zutiefst berührt. Spanien und London auch. Aber Vierwaldstädtersee? Ich hatte das Gefühl eingeschlossen zu sein, da ringsum die hohen Berge sind. Wer hätte das gedacht; Schweiz hat hohe Berge ringsum… grins. Wobei ich die Berge schon liebe und schon alleine durch die klare Luft einen super Erholungswert hat.

Übrigens das *In* Wort ist hier: *Hupsi*

Der Hunger rief. Da heute Ostermontag ist, mussten wir auf einen freien Tisch warten, da die Pizzeria, die wir ausgesucht hatten, ausgebucht war. Um die Wartezeit zu überbrücken, stopften wir uns mit Apfel, Reiswaffel und M & Ms voll. Bin mal gespannt wie wir nachher im Bett schlafen, mit diesem Menü. Zumindest habe ich aber schon gesehen dass Claira ihren *Wolki-Pyjama* dabei hat. Passt ideal zur Rosendecke. Beim Italiener bestellten wir je 0,2 l Rotwein im Cocalina. Das waren Krüglein. Es kamen dann nur diese Krüglein und keine Gläser. Hm, wir grübelten, sollten wir etwa aus dem Krug direkt trinken? Claira:" Nein, die haben doch einen Schnabel zum Ausschenken!" Ich stellte mir vor, wie wir as dem Krug trinken und dann die Gläser gebracht bekamen. Nun, wir fragten dann doch vorsichtshalber nach, bevor wir

44

uns blamierten. Und? Es wird tatsächlich aus den Krüglein direkt getrunken. Schnabel für den Mund! Jetzt bin ich hackedicht und kugelrund.
Das kaputte Dachfenster, welches wir reklamieren wollten, ist nun doch in Ordnung, wir hatten nur den Riegel übersehen....
Hupsi

Der 2. Tag – Gruezi miteinand
Heute Nacht wurde ich von einer Schnarchattacke meiner Zimmergenossin geweckt. Lässig auf dem Rücken liegend, Arm hinters Köpfchen geschoben, lag sie da im Bett und sägte dabei einen ganzen Wald ab. Nach einem zaghaften Versuch meinerseits, den nächsten Baum vorm absägen zu schützen, sanft ihren Namen rufend, dann grober ihren Arm schüttelnd, schnallte sie vor lauter Schreck hoch, um sich erleichtert umzudrehen und weiterzuschlafen. Dann herrschte endlich wieder Ruhe im Walde!
Morgens ging es dann zum Frühstücks Buffet. Das bekannte Schweizer Bircher Müsli hatte große Ähnlichkeit mit einer Schleimgrütze und den letzten Croissant schnappte uns ein anderer Hotelgast weg, der gerade das Buffet zum 3. Mal stürmte. Ansonsten war es aber sehr nett und wir genossen unseren Kaffee. Da es angefangen hatte zu regnen, beschlossen wir nach Luzern zu fahren und ein wenig in der Stadt zu bummeln. Dank unseren intelligenten Navigationsgeräten haben wir uns auch dann auch nur ganz leicht verfahren. Als, wir schließlich unser Ziel erreichten, mussten wir beide ganz dringend....na, was wohl? Richtig! Toiletten aufsuchen! In dem Parkhaus musste man natürlich für die *Örtchen* Benutzung Gebühr bezahlen, wobei wir leider keine passenden Fränklis (die Schweizer Währung) zur Hand hatten. Wer schon einmal dieses dringende Bedürfnis sich zu erleichtern hatte, weiß dass dies zur absoluten Qual werden kann. Zum Glück konnten uns Passanten das Geld wechseln und wir galoppierten flugs zu den Parkhaustoiletten

zurück. Nach diesem Schreck mussten wir natürlich erstmal ein Café besuchen. Dort zwinkerte mir ein Typ ständig zu, obwohl ich ihn völlig ignorierte (stimmt wirklich, hab ihn nur durch die Augenwinkel beobachtet). Ich gestehe aber, dass es meiner Eitelkeit durchaus schmeichelte. Beim Verlassen des Cafés hat er uns dann abgepasst und mich gefragt ob wir uns denn nicht treffen könnten. Er sah recht hübsch aus, so Richtung Latinlover. Aber ganz ehrlich, was soll ich denn mit dem? Ich habe einen Mensch als Mann, das reicht! Toppen kann das nur noch ein Elb und die rennen nicht wirklich einfach so rum. Allerdings eine Einschränkung gäbe es noch (oder 2), bei einem Sean Bean (Boromir) könnte ich alles vergessen, da regiert der Unterleib den Verstand. Das lasse ich jetzt so stehen…Kurz und gut, ich habe dankend abgelehnt.

Als ich mich später im Spiegel sah, wunderte ich mich sowieso dass er mich angesprochen hatte (vielleicht sah er schlecht und hatte seine Kontaktlinsen vergessen), ich sah aus wie Kalle Arsch, denn der Regen hatte meine Haare geklatscht, da gibt es nichts absolut gar nichts zu beschönigen. Im nächsten Kaufhaus kaufte ich erstmal Haarlack, Bürste und Gummi (für die Haare), dann stylte ich mich in einer Umkleidekabine. Danach bummelten wir noch ein wenig und saßen in verschiedenen Cafés Probe. Das heißt, wir nehmen Platz um dann recht schnell fest zu stellen, dass uns entweder das Ambiente nicht wirklich gefällt, wir auf der Karte nichts finden, oder aus irgendeinem anderen Grund wieder gehen möchten. Das machen wir selbstverständlich nur wenn wir noch nichts bestellt haben.

Als wir wieder aus Luzern hinaus fuhren, bekam ich leichte Panik jemals die richtige Ausfahrt zu erwischen. Mindestens 3 mal sind wir an den gleichen Punkten vorbei gekommen, irgendwann stellten wir schließlich fest dass durch einen *Hopser* die Zielrichtung vom Navigationssystem zurück gesprungen ist und uns wieder in die Stadtmitte führen wollte. In Brunnen ging es dann mal wieder auf Essensuche.

Als erstes hatten wir uns ein mexikanisches Restaurant auserkoren, das leider wegen Ruhetag geschlossen hatte, dann sind wir zurück zur Pizzeria, auch geschlossen, also mit der Landkarte aufs Zimmer zurück zur Lagebesprechung. Spontan entschlossen wir uns in den Nachbarort Schwyz zu fahren. Natürlich wurde erstmal eine Runde extra in einem Kreisverkehr gefahren, da unser Navi wieder zurück nach Brunnen wollte.

Eine erste Ausfahrt vom Kreisverkehr nahm ich dann so wörtlich, dass wir plötzlich in der Einfahrt einer Blumengroßhandlung standen.

Aber dann! Nach einigen erfolglosen Parkplatzsuchen und einem beschwerlichen Aufstieg mussten wir feststellen, dass diese Pizzeria, die wir uns ausgesucht hatten, auch geschlossen war.

Ein junges Mädchen empfahl uns daraufhin ein anderes italienisches Restaurant im Ort. OK, Claira hatte aufgepasst und zeigte mir den Weg. Er war ungefähr mit einem Almaufstieg vergleichbar. Entkräftet und halb verhungert, sind wir dann am anderen Dorfende angelangt, aber es war weit und breit kein Restaurant in Sicht. Kurzerhand fragten wir eine entgegenkommende Passantin nach dem Weg, welche uns dann wiederum ein Anderes Restaurant empfahl.

Also, nichts wie zurück zur Dorfmitte, dabei kamen wir an der vormals empfohlenen Pizzeria vorbei, die ziemlich. heruntergekommen aussah und wir trotz mittlerweile stark herunterhängenden Magens ignorierten. Unsere Bäuchlein kommunizierten lautstark miteinander, aber wir hielten eisern durch. Und?

Wir wurden belohnt, das Restaurant in der Dorfmitte war der Volltreffer! Wir bestellten uns ein vegetarisches Gericht, superleckeres Gemüse mit Ofenkartoffeln. Die Odyssee hatte sich gelohnt. Nachdem ich noch ausversehen einen Abstecher ins Kino machte, als ich die Toilette aufsuchte (das Restaurant

hatte einen direkten Durchgang dahin), machten *Wölkchen*
und ich uns anschließend in unserem Zimmer bequem.

Der 3. Tag
Heute Morgen beim Frühstück hat dieses Mal jede von uns
einen Croissant erwischt, sehr zum Leidwesen des Gastes aus
dem Ruhrpott, der gestern alles abgeräumt hatte vom Buffet.
Allerdings stellten wir fest, dass die Croissants wohl vom
Tag vorher zurück gehalten und aufgebacken waren, man
hätte leicht damit Löcher in die Fensterscheiben schmeißen
können. Ab morgen darf er nun Alle alleine essen.
Wir beschlossen heute ins Muotathal gefahren. Nach einigen
Irrfahrten, sind wir dann in das dortige Touristencenter hinein
gegangen um uns eine Wanderkarte zu holen. Leider gab es
mal wieder weit und breit keine Toilette, kein Café in Sicht,
so dass wir unsere Zähne zusammen beißen mussten, da man
ja im Ort nicht einfach so auf die Straße pinkeln kann (wobei
ich schon des Öfteren männliche Wesen bei selbiger Tat
erwischt habe). Schließlich kamen wir an der Dorfschule
vorbei. Sie war offen, wir also nix wie rein. Beim
Hinausgehen kamen plötzlich 2 Männer eine Treppe herunter.
Oh, dachte ich, kein Problem, einfach raus laufen und sich
dabei nicht umdrehen, vielleicht denken die dann dass wir
hierher gehören. Im Augenwinkel sah ich Claira! Sie hatte
sich in eine Nische hineingedrückt, wie in einem Agentenfilm,
was ja überhaupt nicht auffallend war. Ich schaffte es kaum
noch raus, so sehr musste ich das Lachen unterdrücken.
Draußen habe ich mich erstmal schlapp gelacht.
Jetzt konnten wir endlich wandern.
Herrlich, die Luft, so klar und rein, die saftig grünen Wiesen
mit zart duftenden Veilchen und Schlüsselblumen übersät.
Wir liefen am Waldrand entlang, bergauf, doch plötzlich war
der Weg von einem elektrischen Zaun versperrt.
Was nun? Claira wollte darüber steigen. Ich hatte Bedenken,
vielleicht gab es hier Steinschlag oder ähnliches wie wilde
Tiere. Zum Glück erlösten uns 2 fremde Wanderer, sonst

würden wir wahrscheinlich immer noch dort oben stehen, und erklärten dass der Zaun für Tiere, wie Ziegen, gedacht war, und wir bedenkenlos darüber hinweg klettern konnten.
Auf einer Bank, machten wir dann eine wohlverdiente Rast.
Ich habe die Augen geschlossen und tief durchgeatmet. Mit jeder Faser meines Lebens habe ich die Energie aufgesogen, es wurde mir wieder mal bewusst das das *Göttliche * überall ist, ob im Grashalm, Baum, Vogel, man wird demütig dabei und dankbar so was wunderbares wie die Natur erleben zu dürfen. Das Wunderbare liegt im Augenblick.
„ Was ist das Leben? Es ist das Funkeln eines Glühwürmchens in der Nacht. Es ist der Atem eines Bisons im Winter. Es ist der kleine Schatten, der in den Gräsern wandert und sich bei Sonnenuntergang verliert." (Indianische Weisheit)
Die Sonne strahlte warm, wodurch uns alles natürlich nochmals schöner vorkam.
Übrigens Claira hatte die Eingebung, dass sie im Jahre 1257, als Katarer lebte.
Der *Katarismus ist nichts weiter als eine christliche Religion, die sich auf das neue Testament beruft. Die Katarer können sich nicht vorstellen, dass ein einziges Wesen sowohl das Reich des Lichtes, wo das Böse nicht vorhanden ist, als auch die vergängliche Welt, in der sie leben und das Böse herrscht, hervorbringen kann. Deshalb ist für sie Gott ausschließlich im Guten allmächtig, seine Allmacht ist durch seine unendliche Güte begrenzt. Das unabhängige und gegensätzliche Schöpfungsprinzip für die Welt, in der das Böse waltet, wird von dem Fürst der Finsternis vertreten .Allein durch die Feuertaufe, die Christus seinen Aposteln gespendet hat, erlangt man nach dem Ritus der Katarer das Heil durch Erkenntnis. Das Heil besteht darin, die Seele aus ihrem körperlichen Gefängnis zu befreien und ihr zu helfen, ihren Platz bei Gott einzunehmen, indem die ursprüngliche Einheit von Seele und Geist wiederhergestellt wird, die die Menschen durch Satans Herausforderung*

*verloren haben. Diese Wiedervereinigung ist nur möglich,
wenn die Seele Zugang zur Erkenntnis, die den Menschen von
Christus offenbart wurde, gelangt. ´
Diese spirituelle Taufe wird "consolament" in der Sprache
des "oc" genannt. Das "consolament" wird nur den Gläubigen
gespendet, die dies wünschen und zwar nach einer
dreijährigen Initiationszeit in einem Haus der Vollkommenen,
oder kurz vor dem Tode. In beiden Fällen erlangt der
Getaufte den Rang eines Vollkommenen. Die Vollkommenen,
egal welcher Herkunft oder Geschlecht, leben in
Arbeitsgemeinschaften. Die Männer ziehen zu zweit,
predigend und Beitrag spendend, durch die Gegend. Ihre
Regeln gleichen sehr strengen Ordensregeln. Sie essen kein
Fleisch, da in den Tieren eine Seele auf Offenbarung warten
könnte (Reinkarnation). Der Geschlechtsverkehr ist untersagt,
da er die Befreiung der Seelen aus ihrem irdischen Gefängnis
herauszögern würde.
Der einfache Gläubige ist diesen strengen Regeln nicht
unterworfen. Er muss den Glauben haben und sich auf die
Erkenntnis vorbereiten, die er durch das "consolament" auf
dem Totenbett erlangen wird. Es gibt keine Gottesdienste,
keinen Tempel und kein Kirchengebäude in der Kirche der
Katarer. Sie ist rein geistig. Es finden einfache öffentliche
Zeremonien in Handwerksstätten, Privathäusern oder in
freier Natur statt. Die Kirche der Katarer ist in Diözesen
aufgeteilt, ein gemeinsames Oberhaupt gab es wahrscheinlich
nicht. Fünf Diözesen sind es in Okzitanien: Agen, Albi,
Carcassonne, Toulouse und Razès. Jeder Diözese steht ein
Bischof vor, der von einem "Älteren" und einem "Jüngeren
Bruder" unterstützt wird. In der Hierarchie folgen die
Diakone, die für einen Teil der Diözese verantwortlich sind
und danach die Gemeinschaften der Vollkommenen. Die
Masse der Gläubigen bildet die Basis der Gesellschaft der
Katarer.
Der von Papst Innozenz III. gepredigte Kreuzzug, der
Okzitanien Anfang des 13. Jahrhunderts verwüstete, hatte*

zum Ziel die Häresie in diesem katholischen Land auszurotten und die Einheit der Kirche Roms wiederherzustellen. Er hatte, was die religiöse Zielsetzung anbelangt, nicht die erwarteten Ergebnisse gezeigt. Der Katharismus konnte sich, trotz der zahlreichen schweren Niederlagen, weiter ausbreiten. Rom schuf die Inquisition, die bald außerordentliche Erfolge verbuchte. Der Katharismus in Okzitanien, der als erster den Verhören, Unterdrückungen, Folterungen und Scheiterhaufen ausgeliefert war, ging nach und nach unter.

Dies würde also ihr Grauen erklären, dass sie schon nur beim Erwähnen des Mittelalters überkommt.

Beim Weitergehen stand plötzlich eine Scheune mitten auf dem Weg, man musste mitten durch sie hindurch gehen, innen drin standen ein Kühlschrank und eine Thermoskanne voll Kaffees für die Wandersleute bereit, zum Selbstbedienen. Ja, *hupsi* das ist aber sehr lieb und zuvorkommend von den Bauern hier.

Zurück in Brunnen, sind wir noch eine Runde Inline skaten. Jetzt haben wir Beide sonnenverbrannte Nasen, sprich rote Zinken.

An diesem Abend war das Glück uns hold und wir bekamen gleich einen Tisch bei unserem Italiener um die Ecke. Dabei stellte ich fest, dass es eine Sorte von Männern gibt, die mich irgendwie einschüchtern. Der Kellner, welcher uns bediente, verursachte mir so ein negatives Gefühl. Ich konnte mir vorstellen das er in einem längst vergangenen Leben Pharao war und ich Sklavin (allein bei dem Gedanke schüttelte es mich). Natürlich lasse ich mir so was nicht anmerken, aber unangenehm war mir das doch.

Das Essen war allerdings hervorragend. (Und auch der Service)

Abschließend bummelten wir noch am Hafen entlang und genehmigten uns einen kleinen *Absacker* (Cocktail). Dabei diskutierten wir, wie so oft, über Kirche, Selbstbewusstsein, Glauben, also über Gott und die Welt. Was man am Besten mit Claira machen kann, da sie von Natur aus äußerst

51

wissensdurstig ist und daher über ein megabreites Spektrum Bescheid weiß. Dies ist natürlich auch nicht immer einfach für mich, denn bei irgendwelchen oberflächlichen Argumenten meinerseits wird sofort nachgehakt und da sehe ich dann des Öfteren ziemlich blass aus. Aber man muss auch sehen dass ich von diesen Diskussionen sehr viel profitiere, denn ich denke dabei über Sachen nach wo ich vorher niemals in Kenntnis genommen hätte.

4. Tag
Heute sind wir zum Rigi, Bergmassiv am Vierwaldstädtersee, gefahren. Wir wollten den höchsten Gipfel am See erklimmen. Nach den obligatorischen Irrfahrten, man kennt das ja schon, sind wir trotz Navigationssystem, angekommen. Eigentlich sind wir über diese Umwege recht froh, denn so sehen wir wesentlich mehr vom Umland, wie wenn wir immer den direkten Weg fahren würden.
An der Station zur Bergseilbahn las Claira dann ein Informationsschild über den Rigi. Völlig erschrocken, entfuhr ihr: „Da geh ich nicht rauf, da oben bekommen wir doch keine Luft zum Atmen, die ist doch viel zu dünn, so hoch wie der Berg ist!" Erstaunt schaute ich sie an, bisher war mir gänzlich unbekannt das es am Vierwaldstädtersee so hohe Bergmassive gibt, bei denen man Sauerstoffgeräte, zum Bergsteigen benötigt. Zumal die anderen Personen die hier auf die Bahn warteten, ziemlich normal aussahen. Ohne große Gerätschaften. Es stellte sich dann auch heraus das sie anstelle 6000 feed 6000 m gelesen hatte, nun, es waren ca. 1.600m überm Meeresspiegel, also durchhaus ohne Sauerstoffgerät begehbar, wobei es bestimmt lustig ausgesehen hätte, Claira mit so einem Gerät den Rigi absteigen zu lassen.
Die Bahn fuhr ziemlich steil, fast senkrecht, aufwärts, so dass wir spontan beschlossen uns doch keine einsame Berghütte – wovon wir öfters davon träumten – zu mieten. Wenn wir Zuhause vom Alltag und unseren Familien sehr gestresst

waren, stellten wir uns vor, in einer einsamen Berghütte, mit nur Natur ringsum, genügend Proviant und Laptop dabei, Urlaub zu machen. Wahrscheinlich würden wir nach 2 Tagen aufgeben, voller Panik wenn es des Nachts draußen knackt und knirscht und die Fantasie durchgeht. Denn nicht immer ziehen edle Waldläufer und Elben umher. Wenn man dann auch noch, mit solch einer Bahn fahren muss, um zur Hütte zu gelangen muss ich dann bei dem Gedanken doch stark schlucken.

Am Gipfel angelangt stiegen wir aus. Es lag noch zum Teil Eis und Schnee. Beim runter laufen beobachteten wir ein paar Gleitschirmflieger beim Absprung. Meine Freundin war so begeistert von ihnen, dass sie sich direkt vor ihnen hinstellte mit dem Fotoapparat um darauf zu warten, das endlich Einer startete. Das war mir dann doch etwas zu peinlich und aufdringlich. Ich stellte mich dezent weiter nach hinten. Es muss fantastisch sein abzuheben, wie ein Adler, über der Erde zu schweben, ein Gefühl der Weite und Unendlichkeit. Frei von allen Zwängen, es ist einer der größten Menschheitsträume fliegen zu können. Wenn ich mir dann aber vorstelle tatsächlich da am Abhang zu stehen und loszulaufen, müsste man mich schon gewaltsam da runter schmeißen, denn vor lauter Panik würde ich rückwärts rennen. Wenn ich dann aber tatsächlich doch den Absprung geschafft hätte, würde ich wahrscheinlich am einzigen Baum weit und breit in der Krone hängen bleiben oder im See baden. Also lass ich es lieber sein, wobei es mich durchaus reizen würde, zumindest der Gedanke daran, wie ein Adler zu dahin zu gleiten.

Die Wandertour war wunderschön. Herrlich die Klarheit der Luft. An den Bergwiesen vorbei.

Claira wollte unten noch Inline skaten, aber leider haben meine Füße mir mitgeteilt, dass sie sich ne Auszeit nach diesem Abstieg verdient haben und so beschlossen wir nochmals ins Muotathal zu fahren. Dort setzten wir uns an einen Fluss und ließen die Seele baumeln.

Ich genieße es, wenn Claira von ihrer Kindheit erzählt und auch ich ihr Geschichten erzählen kann, sie ist der beste Psychotherapeut.

Abends haben wir dann mexikanisch gegessen, was superlecker war. Zurück im Hotelzimmer machten wir es uns dann mit 2 Guinness Bierchen gemütlich. Um ehrlich zu sein, Clärchen trank nur ein paar Schlückchen davon und ich den Rest.

Übrigens vermisse ich seit gestern mein kleines Gesichtshandtuch, welches immer auf meine Reisen mitkommt. Wahrscheinlich dachte das Zimmermädchen es gehöre zum Hotel. Ich spende es ihnen mit Wehmut, es wird mir fehlen.......

5. Tag

Tag der Abrechnung.

Mit bangen Herzen sind wir zur Rezeption zum Auschecken. Wir waren uns unsicher ob wir nun wirklich nichts bezahlen mussten. Und tatsächlich, es war umsonst. Kost und Logis waren frei. Das war natürlich genial.

Auf dem Heimweg sind wir über den Züricher See zurück gefahren. Unsere erste Amtshandlung dort? Natürlich nach Toiletten suchen. Notgedrungen sind wir auf Öffentliche. Igitt, Raubtiergeruch, sagt alles. Beim Weiterfahren hatten wir dann auch noch ein Streitgespräch. Es ging dabei Geld ins Ausland zu transferieren. Clärchen, edel und sozial. Ich, unwissend und egoistisch. Ich stur, sie persönlich werdend. Dann fragte sie mich auch noch, ob ich mich etwa persönlich angegriffen fühle. „ Ja, klar", war meine Antwort. Was dann erst recht zur knatschigen Stimmung führte. Dabei liebe ich Claira doch gerade wegen ihrer direkten und offenen Art! Man stelle sich unter Claira einen sanften Engel mit Munitionsgürtel um den Hals hängend vor, das ist dann meine Freundin!

In Schaffhausen war die Stimmung zum Glück wieder friedlich und heiter.

Da wir Riesenhunger hatten sind wir gleich in die Stadt rein gefahren. Dort besuchten wir ausgiebig 3 Buchläden, ich könnte mittlerweile Reiseführer über Buchläden und Toiletten schreiben. Ohne den *Rheinfall* anzuschauen sind wir danach weiter gefahren. Dank unserem Navigationsgerät, natürlich mit Umwege. Irgendwann streikte Claira:" Sie fahre jetzt keine *Giggeleswege* mehr, selbst wenn ich es wolle", und kehrte um.

OK, wir sind ca. 2-mal am Titisee vorbeigefahren, zu dem wir noch einen Abstecher machen wollten, aber schließlich fanden wir dann doch noch einen Weg zu ihm.

Dort wurde ich auch für Ralf fündig und brachte ihm Schwarzwälder Schinken mit.

Ohne weitere Vorkommnisse sind wir dann gegen Abend Zuhause bei unseren Familien, die wir mittlerweile doch recht schmerzlich vermissten, gelandet.

Diesmal hatten wir allerdings auch nicht unser Herz dagelassen, wie in Irland.

Es war aber trotzdem wunderschön und wir sind sehr dankbar für diese kleinen Auszeiten. Wir freuen uns schon auf die Nächste.

Claira am Vierwaldstätersee

Irland ruft, wir hören die Stimme der grünen Insel!

Möge dich dein Schutzengel
auf allen Wegen begleiten
und dir dort, wo er dir nicht
folgen kann,
einen deftigen Knotenstock
in die Hand geben.
(altirischer Segensspruch)

Großmutter Irland hat uns wieder

Am 9. April 2007 hat uns Großmutter, grandmother Irland
wieder. Wir haben es tatsächlich wieder geschafft wieder auf
die grüne Insel fliegen. Das Land wo meine Seele auftankt.
Natürlich gab es vorher mal wieder Schwierigkeiten. Die
Jungs, Dennis und Florian sollten zu ihren Großeltern über die
Tage fahren. Leider wurden meine Schwiegereltern kurz
vorher krank, sodass die Kinder zuhause bleiben mussten.
Ralf musste erst abklären, ob er seine Geschäftstermine
umlegen kann, damit er wenigstens nachmittags bei den
Kindern sein kann. Nach einer kleinen *Explosion*
meinerseits, die er sogar verstand, klappte es dann doch noch
mit den Terminverschiebungen und es stand einer weiteren
Auszeit nichts mehr im Wege.
Um 6 Uhr morgens holte uns mein Onkel ab, um uns zum
Frankfurter Flughafen zu bringen. Man konnte auch zu
seinem Fahrstil sagen, tiefer zu fliegen, denn in Rekordzeit
kamen wir beim Airport an.
Ich kämpfte leicht mit Übelkeit, wobei ich nicht wusste ob es
an den Fahrkünsten meines Onkels lag oder an meiner
Nervosität. Beim einchecken stellten wir uns dann zuerst am
Schalter nach Krakau an, dann am Schalter nach Dublin, was
ja immerhin die Hauptstadt unseres Ziels ist, um dann
schließlich doch noch beim richtigen Schalter nach Kerry
anzustehen. Der Flug selbst war recht ruhig, außer das beim
Start mein Magen eine Doppeldrehung machte. Zu allem Übel
fehlte auch die obligatorische *Kotztüte* im Flugzeug und
eine Passagierin die anscheinend das gleiche Problem hatte
belegte die einzigste Toilette für die nächste halbe Stunde.
Verzweifelt überlegte ich im *Ernstfall* Clairas Tasche zu
verwenden oder ihren Schoß, wobei sie mit dem gleichen
Gedanken zu kämpfen hatte. Zum Glück beruhigten sich

unsere Mägen von alleine wieder und ich hatte nur ein *altes* Problem zu lösen, ich musste dringenst auf die Toilette und hatte wie üblich Hemmung, da es nur eine Einzige im Flieger gab. Beim 2. Anlauf klappte es, nachdem vor mir eine Frau diese für ungefähr 10 Minuten belegt hatte und ich mich dadurch so lockerte, dass auch ich mir länger Zeit für die Toilette gab. Und siehe da....*uff* es war eine solch enorme Erleichterung.

Kerry hat einen kleinen schnuggeligen, sehr überschaubaren Flughafen. Für die Toiletten hat er ne glatte Eins verdient. Spitzenklasse, groß, geräumig und vor allem sauber.

Dann holten wir unseren Mietwagen ab. Einen Micra, 3-türig, Automatik, dunkelblau. Da hätten wir also unser Hustenbonbon, auf 4 Rädern, wieder, wie bei unserem ersten Irlandbesuch. Und wie damals durfte Claira auch als Erste fahren. Aber als alte Häsin war sie gleich wieder drin im Links fahren. Auch ich hatte keine nennenswerten Probleme. Gut, ich bin einmal kurz an den Abgrund gedriftet, aber sonst....

Es war eine herrliche Fahrt, die Sonne schien und lachte mit uns um die Wette.

Nach 2 Stunden unterwegs holten wir uns in einem Supermarkt frisch belegte Sandwichs und Coffee to go (heißer Kaffee im Pappbecher, zum Mitnehmen). Es schmeckte uns gigantisch. Langsam wechselte während der Weiterfahrt die grüne Landschaft in eine mondähnliche Karge. Die Vegetation wurde immer seltener und das Klima rauer, je näher wir unserem ersten Ziel Connemara kamen. Connemara ist eine Region im Westen Irlands und gehört zur Grafschaft Galway. Auf der Landkarte war Renvyle, wo unsere Pension ist, als einziger grüner Fleck eingezeichnet und so war es dann auch. Grün mit einem tiefblauen Meer.

Auf der Fahrt zu unserer Pension sind wir aber zuerst unsere obligatorische Ehrenrunde (das funktioniert bei uns auch ohne Navigationssystem) gefahren. Wir hatten in Letterfrack, die

Abbiegung nach Tully übersehen und machten dadurch einen kleinen Abstecher nach Kylemore. Schließlich fanden wir unsere Pension, Sunnymeade, dann aber doch noch.
Hier liegt echt der Hund verfroren. Dieses Mal wollten wir es so. Ruhe und viel Natur um uns herum. Von unserem Pensionsbett konnten wir das Meer sehen. Welch Ausblick. So liebe ich es. Wir machten uns schnell frisch und schauten uns die Umgebung an von Renvyle. Ein paar Katen, ein Restaurant, ein Pub, Kirche, das war's. Schnell noch runter zum Strand.
Und da war es. Das Meer, dunkelblau, sanft wiegten sich die Wellen. Aber da Seeluft bekanntermaßen hungrig macht, kehrten wir um und besuchten das hiesige Restaurant. Na ja, das Essen war nicht gerade der Hit und unsere Getränke ertranken in den Eiswürfeln. Eigentlich waren es Eiswürfel mit ein paar Spritzern Wasser. Heimlich leerte ich sie in die nächste Blumenvase, um mir gleich ne Rede von meiner Freundin anzuhören, die mir erklärte, dass die Blumen den Kälteschock nicht lange überleben werden. Zack, da hatte ich es das schlechte Gewissen. Aber rausfischen war mir dann doch zu auffällig und so bat ich die Blumen heimlich um Verzeihung.
Nun liegt Lady Clarabella neben mir im geblümelten Bett, liest ein Buch und dabei musiziert ihr Bäuchlein.
„Übrigens, ich war hier schon, ich kenn mich hier aus. Es kommt mir alles so vertraut vor." Claira zeigt mir charmant das Vögelchen.
Irland, ich bin wieder daaaaaaaaaaaaaaaa!

10.April 2. Tag
Nach einer angenehmen Nacht, hatten wir wie üblich als Erstes Kaffeedurst. Unser Frühstücksraum hatte Blick auf das Meer, was natürlich herrlich für uns war. Leider war die Farbe des Wassers heute wie der Himmel, nämlich grau! Dies tat

unserer guten Laune keinen Abbruch, denn lieber ein graues Meer in Irland, als gar nicht in Irland. Ich bestellte mir zum Frühstück *toastet crumble*, was sich zu meinem Entzücken als getoastete Pfannkuchen mit Honig herausstellte. Unsere Pensionswirtin wirkte etwas unterkühlt, entwickelte sich später aber schnell zu einer herzlichen Frau, als wir sie über die schöne Musik, die in dem Raum spielte, befragten. Nun offenbarte sie uns, dass sie ein absoluter Fan, des Interpreten Tommy Flemming ist, dessen CD gerade lief. Sie schwärmte uns von seinen Konzerten vor und überlies uns sie uns sogar leihweise, für unseren heutigen Ausflug mit dem Auto. Zum Glück. Denn sonst hätten wir uns vielleicht noch eine CD von ihm gekauft, aber nachdem wir alle Lieder gehört hatten, stellten wir fest das nur 2 darauf waren die uns wirklich gefielen.

Jetzt hatten wir ein anderes Problem. Wir kamen in den Genuss typischen irischen Wetters, es regnete und war ziemlich frisch geworden. Clairle hatte sich voll und ganz, Zuhause in Deutschland, auf den Wettervorhersagedienst verlassen, der für diese Woche Sonne mit 17 Grad vorhergesagt hatte. Das hieß, sie hatte weder eine Windbreakerjacke (die sich wie beim Michelinmännchen, siehe unser 1. Irlandtrip, aufblasen kann), warme Pullis, noch wetterfeste Schuhe dabei. Aushelfen konnte ich ihr auch nicht, denn meine Sachen kann sie sich dreimal rumwickeln und mit meinen Schuhen Boot spielen (sie hat Gr. 36 und ich 39). Aber – no problem for us. So besuchten wir erstmal die Kylemore Abbey. Kylemore Abbey ist die älteste irische Benediktinnerabtei. Das 1665 gegründete Kloster ist nach mehreren Umzügen, seit 1920 in dem 1871 fertig gestellten Schloss Kylemore untergebracht. Nun ist es eine von Nonnen geführte Tagesschule und ein internationales Internat für Mädchen. Irgendetwas lag in der Aura des Gebäudes, welches uns beunruhigte. Bei Claira lag es ja auf der Hand, da sie hoch sensibel auf das Thema Kirche reagiert, merkt sie sofort wenn nicht nur Liebe, Mitgefühl und Vergebung an einem solchen

Ort geherrscht hatten. Aber selbst mir sträubten sich die Nackenhaare (die anderen Haare sind zu lang um sich zu stellen) und war schließlich froh, endlich wieder an der frischen Luft draußen zu sein. Wir wanderten lieber am See entlang, denn mittlerweile machte der Regen auch eine Pause. Der See strahlte Ruhe aus. Trauerweiden umzäunten das Ufer, als wir zu einer Stelle kamen, die etwas weiter hinten im Gehölz versteckt lag. Man sah noch Mauerreste herum liegen, vielleicht die eines Hauses. Düsteres umschwebte diesen Platz und nahm uns fast den Atem. Schaurige Bilder kamen uns hoch, wurden hier vor langer Zeit aufsässige Nonnen bestraft, oder war dies etwa einmal ein Krematorium gewesen? Unsere Fantasie ging mit uns durch, und schnell zogen wir weiter. Mittlerweile nieselte es auch wieder und ich sah wie Kalle Datschkopf mit meinen Haaren aus. Mitten im Wald, durch den wir liefen, stand eine kleine Kapelle. In ihrer Schlichtheit strahlte sie genau das aus, was ich mir von einer Kirche erhoffe. Ruhe, Frieden, Liebe, und Geborgenheit. Hier herrschte keine Bosheit und es waren keine negativen Energien zu spüren. Wir verweilten eine längere Zeit darin, jeder seinen eigenen Gedanken nachhängend.
Erholt gingen wir den Weg dann zurück und…da …, plötzlich, mitten im Wald, war alles übersät mit dem Wahrzeichen Irlands. Tausende von Shamrocks, kräftige, grüne Kleeblätter, keine zierlichen Kleinen wie bei uns in Deutschland, nein, große, robuste. Es ist eines der Attribute des Heiligen Patrick, der im Rahmen seiner Missionstätigkeit den Iren anhand des dreiblättrigen Kleeblatts, die *Dreifaltigkeit* erklärt haben soll. *Der heilige Patrick war Missionar und hat im 5. Jahrhundert Tausende Iren zum Christentum *bekehrt*. Er gilt als Nationalheiliger Irlands. Die Dreifaltigkeit, Dreieinigkeit oder Trinität bezeichnet in der christlichen Theologie die Einheit der drei Personen des göttlichen Wesens: Gott „Vater", Gott „Sohn" (Jesus Christus) und Gott „heiliger Geist".*

Als wir zum Klostergarten wollten, mussten wir mit einem Bus zu demselbigen fahren, denn es durfte Niemand zu Fuß dahin laufen, weshalb auch immer. Selbst der hiesige Busfahrer wusste nicht warum. Claira hatte da so eine Ahnung: „Die Kirche habe wohl Angst dass Einer die Bäume anpinkelt." Beim Warten auf den Bus, sprach uns ein junges, amerikanisches Pärchen an. Er erzählte uns, dass dies ihre Hochzeitsreise durch Europa wäre, und er schon mal in München war. Ganz stolz sagte er uns dass er einen deutschen Nachnamen habe von seinem Großvater. Fanden wir total süß und man hatte das Gefühl, das wir Deutschen doch nicht so unbeliebt im Ausland sind, wie es des Öfteren in der Presse steht. Zumal wir ja auch tolle Vorbilder sind…...

Nach einer Schlagloch kräftigen Rückfahrt, Claira meinte ich wolle bestimmt soviel Schlaglöcher wie möglich erwischen, was mir bestimmt auch gelungen ist, beschlossen wir, das Castle von Renvyle noch aufzusuchen. Die Sonne begrüßte uns auch endlich und der Himmel verwandelte sich allmählich von tristem grau in strahlendes hellblau.

Nach längerem Herum suchen, stellten wir fest, das von dem Schloss, genau eine einzige Mauer stehen geblieben war. Dieses historische Highlight hinter uns lassend fuhren wir zur Küste hinunter, die in der Nähe unserer Pension war. Ah, und da war es wieder, ein türkisblaues Meer lag vor uns!

Man spürte die Kraft des Meeres, der Wind spielte mit unseren Haaren, die weißen Kieselsteine blitzten in der Sonne, all dies sprach zu uns. Die Sonne streichelte unser Gesicht, das Licht und das Wasser gaben uns Energie. Ich fragte den *Geist des Wassers*, ob ich jemals meine Seelenliebe wieder finden werde (nicht vergessen, mein Mann ist meine Erdenliebe!) und bat um ein Zeichen, welches bitteschön auch ja idiotensicher ist, damit ich es als solches auch erkenne. *Du immer mit deinen doofen Zeichen*; schoss es mir in den Kopf; dies war wohl die Antwort des *Wassergeistes*. Genau in diesem Moment fiel mein Blick auf den Boden, der ja völlig mit weißen Kieselsteinen übersät war und da lag er! Nein, nicht meine Seelenliebe, was natürlich das absolut idiotensicherste Zeichen gewesen wäre. Inmitten dieser weißen Steine lag ein rötlich Gefärbter in dreieckiger Form, was man auch als Herz identifizieren kann, und dabei kam mir der Gedanke: Ich werde dich immer wieder finden. Auch hatte ich das Gefühl als ob er neben mir ginge und ich konnte fast seine Nähe spüren (nein, ich bin nicht übergeschnappt, na ja ein bisschen vielleicht, zumindest tat dieses Gefühl gut) Leider wurde der Moment recht schnell zerstört, denn ich musste mal wieder dringenst aufs Töpfchen und weit und breit konnte man sich nirgends verstecken. Was ist eine Seelenliebe? Männlich? Spontan würde ich sagen: Ja, klar, Legolas! Beim längeren Nachdenken würde ich sagen, sie ist Beides, denn die Seele ist eigentlich weder weiblich noch männlich, sie entscheidet sich für die jeweilige Inkarnation (dies ist natürlich Ansichtssache) ob sie Mann oder Frau für das nächste Leben ist, aber im Prinzip trägt man Beides in sich. Im Moment ist es allerdings für mich einfacher, mir meine Seelenliebe als Mann vorzustellen. Dualseele würde als Ausdruck wohl besser passen.

Zurück in der Pension, wuschen wir uns die Haare mit viel Akrobatik. Da wir morgens schon geduscht hatten (wir sind schließlich 2 saubere Schweinchen) und eigentlich nicht noch mal duschen wollten. Die Wasserhähne im Waschbecken kamen dafür nicht in Frage, da kalt und warm getrennt waren, das heißt 2 Hähne in einem Becken und man entweder den Kopf sich dabei verbrannte oder ihn unterkühlte, so mussten wir mit dem Duschkopf vorlieb nehmen. Das hieß also, in die Hocke gehend, Rübe weit in die Dusche gebeugt, dabei nicht umkippen und den Wasserstrahl in der Dusche lassend, so wuschen wir dann unsere Haare. Zum Glück hatte Claira ihre *Einhandrute* (nein, keine Rute zum auspeitschen) dabei, mit der sich kleinste Empfindungen und Veränderungen messen lassen. Damit hätte man dann Wirbelverschiebungen feststellen und mit dem *Strichcode* nach Erich Körbler, wieder ins richtige Lot bringen können. Laut Erich Körbler schwingt Alles. Wenn wir z. B. Schmerzen haben, krank sind, dann gibt diese Stelle disharmonische Schwingungen. Diese kann man mit konkreter Fragestellung anhand eines Pendels, Rute etc., herausfinden und mit dem so genannten Strichcode wieder harmonisieren. Allerdings muss *richtig* gefragt werden, was nicht immer einfach ist, ansonsten könnte es die Beschwerden verschlimmern. Man sollte also nicht *herumdoktern* sondern Seminare bei speziell ausgebildeten Therapeuten belegen. Schon *Ötzi* (die Gletschermumie) war gestrichelt, wie auch bei vielen anderen Naturvölkern noch zu finden ist. Claira hat sich dazu ausbilden lassen und diese Technik auch weiterentwickelt, was für mich natürlich äußerst praktisch ist.

Ich litt z. B. unter Nackensteifigkeit, die Rute zeigte bei Halswirbel 2 Grad 6 an, ich fertigte einen Strichcode an und schwupp dich innerhalb von 15 Minuten war ich von den Beschwerden befreit. Oder ich machte mir Sorgen, da ich das Gefühl hatte eine Entzündung im Kopfbereich zu haben, Claira fragte mich was denn los wäre, ich erzählte es ihr, und sie ging mehrere Punkte mit der Rute durch, u. A. auch Entzündungspunkt am Kopf und … siehe da, es war nix am Köpfchen, es lag an einem Wirbel. Der wurde entsprechend gestrichelt und mir ging es wieder gut.

Nach unserer Akrobatik mit den Haaren genehmigten wir uns einen Kaffee im Aufenthaltsraum. Wie wir dann so da saßen und aus dem Fenster zum Meer hinausschauten, dass mittlerweile wieder grau war wie der Himmel und fast kein Unterschied am Horizont festzustellen war, bildete sich plötzlich genau vor unseren Nasen ein Regenbogen. *Zauberer und Feen* reisen mit den Regenbögen. Es waren solch kräftige Farben, sie sprühten förmlich durch das Grau des Himmels. So nah und eindrucksvoll hatte ich bisher noch Keinen gesehen. Dann bildete sich noch ein Zweiter, etwas feiner zwar, aber immer noch deutlich zu sehen, direkt neben dem Anderen.

Meine Freundin sprach zu mir: „ Dies ist das Zeichen, für Jenes welches du vorhin in dein Büchlein geschrieben hast und was du am Strand erlebtest." Ich schaute sie fassungslos an. Ich hatte ihr mit keinem Wort über meine Gedanken am Strand erzählt, und als sich der Regenbogen gebildet hatte, hatte ich tatsächlich das Gefühl nochmals ein Zeichen bekommen zu haben, dass ich nicht *Alleine* bin. Es war ein Moment voller Magie. Mit Tränen in den Augen schauten wir uns an, und hielten uns an den Händen fest. Dies sind Momente die sind nicht mit Worte zu beschreiben sind, kostbare, wertvolle Augenblicke der Innigkeit einer Freundschaft. Wie Juwelen in einer Schatztruhe verwahre ich solche Momente tief in meinem Herzen auf, und rufe sie mir in dunklen Stunden hervor, um mir zu zeigen welch wundervolle Freundschaft ich leben darf.

Irdische Gefühle holten uns dann aus den himmlischen Gefilden zurück. Wir hatten Hunger!
Dieses Mal fuhren wir nach Clifden, das nächste größere Städtchen. Auf dem Weg dahin, machten wir mit unserem blauen Hustengutzel, wieder mal Bekanntschaft mit jeder Menge Schlaglöcher, sodass ich mich als Shakyelbi fühlte.
In Clifden angekommen ging mein persönlicher Horror los. Parkplatzsuche. Es sollte schon ein geeigneteter sein, indem ich ohne groß rumzukurbeln rein kam. Spontan schoss ich in einen mir im ersten Moment sympathischen Ebensolchen. Erst nach näherem Betrachten viel mir auf, das direkt neben uns ein riesiger Lastwagen parkte, und da wir an einem Abhang standen. Die Sicht war auf den Verkehr völlig verdeckt, und außerdem hieß das ganze auch noch Berganfahren (nicht dass ich irgendwelche Probleme damit hätte, nur ganz leichte Schweißausbrüche bekam ich dabei), ich fragt mich wie ich jemals da wieder rauskommen sollte. Aber 2 Stunden später, nach dem Genuss eines halben Maßes Guinness, war dies kein Problem mehr, lässig und elegant nahm ich diese Hürde. Zuvor hatten wir noch ein gutes Essen

in einem netten Pub. Der Kellner versuchte sich auf Deutsch, was ihm auch ganz gut gelang. Zurück in unserem Zimmer schauten wir uns die Wettervorhersage im Fernsehen an und stellten dabei fest, dass die einzigste Wolke, welche in Irland zu sehen ist, genau über unserer Gegend hängt. Aber für *Shakyelbi* und *Lady Clarabella* kein wirkliches Problem. Have a good night. Übrigens nennt man den Torf hier auch das braune Gold Irlands, ab und zu sieht man auch, dass es noch Häuser gibt die mit Torf heizen.

11. April 3. Tag
Was für ein Traum! Am liebsten hätte ich noch weitergeschlafen. Ich träumte von Sean Bean (Boromir) und Keanu Reeves (amerik. Schauspieler, z. B. Matrix), beide wollten mit mir zusammen leben. Ich konnte mich nicht entscheiden (wer kann mir das verdenken?). Zuerst, zärtlich küssend mit Keanu, dann im nächsten Moment sitze ich in einem anderen Raum an einem Computer und warte auf Beide. Aber, es kommt Keiner, da ich mich nicht für einen von ihnen entschieden habe. Schließlich wähle ich doch noch. Und der Gewinner heißt: KEANU! Was für eine Bedeutung der Traum nun in Wirklichkeit hat, will ich gar nicht wissen. Dieses Mal lasse ich es als Fantasie bzw. Wunschtraum einer Hausfrau und Mutter so stehen. Vor längerer Zeit träumte ich nämlich davon, wie mir *Böhni* (wie Claira und ich Sean Bean zärtlich nennen) bei der Geburt eines Kindes (es war nicht von ihm) half und ich unbedingt mehr als Freundschaft von ihm wollte. Zu meinem großen Verdruss wehrte Böhni meine Annäherungsversuche ab, trotzdem war ich äußerst zuversichtlich ihn doch noch überzeugen zu können. Als ich dies Jemanden erzählte wurde mir der Traum so gedeutet: Ein Schutzengel hatte die Gestalt Böhnis angenommen, damit ich aufmerksam wurde, die Geburt des Kindes stellte die Geburt einer *Idee* dar, die ich zu der Zeit hatte, und da er ja eigentlich ein Engel war konnte er auch nicht auf meine

67

Annäherungsversuche eingehen, es ließ ihn sozusagen kalt. Klasse!

Mit einem Singen im Bauch wachte ich auf und steckte Claira damit an. Nun singen wir das Regenwetter nieder. Um ehrlich zu sein, bei meinem Singsang würde Alles ausreißen, auch der Regen!

Zum Frühstück genehmigte ich mir zu Ehren des verschmähten Böhni diesmal *baked beans on toast*, was der Pensionswirt ziemlich interessant fand. Wahrscheinlich bestellen das meist Hartgesottene Westernmänner und seltener zarte Weiblichkeiten.

Dann ging es nach Westport, eine größere Stadt, in der angrenzenden Region Mayo. Die einverleibten Böhnchen hielten sich bisher dezent zurück, aber zum Glück hatte Claira das Gleiche gefrühstückt. Falls dann mal was *nach Hinten* losgehen sollte, wäre sie bestimmt verständnisvoll, vielleicht würde sie sogar dementsprechend antworten. Wir fuhren durch eine karge, stürmische und dennoch wie verwunschen wirkende Landschaft. Jede Menge Schafe weideten an den Berghängen verstreut. Viele tauchten plötzlich am Straßenrand auf, weshalb man hier recht vorsichtig fahren sollte. Lauthals singend, Schafe fotografierend fuhren wir immer weiter. Inmitten der wilden Landschaft stiegen mir Tränen in die Augen, ich hatte das Gefühl wenn wir nicht sofort anhielten und ich die Natur greifen und atmen konnte, würde es mir die Brust verreißen. Das wollten wir natürlich nicht riskieren.

Also hielt ich an, rannte raus, den nächsten Hang hinauf, stand kniehoch im Gras und fühlte mich großartig!

Clärchen wundert sich bei mir eh über nichts mehr und so kann ich jederzeit meinen Gefühlen freien Lauf lassen. Ich lachte, sang und hüpfte gleichzeitig, ich bin hier glücklich, voller Energie. Warum, weshalb, weiß ich nicht, es ist mir auch egal, ich weiß aber eines ich liebe diese Gegend von Herzen, in der sich die Gräser vor dem Wind verbeugen. Es gibt wesentlich schönere Landschaften in Irland, mit grünen, saftigen Wiesen, Wasserfällen, Bäume die herrlich mit Moos behangen sind, aber mein Herz füllte sich hier mit einer nie geahnten Freude. Wie ein Lämmlein sprang ich auf meine Freundin zu die sich halb ins Gras schmiss vor Lachen. Westport selbst war dann nicht ganz unser Ding. Nicht weil ich mal wieder ewig nach einem mir genehmen Parkplatz gesucht hatte, sondern weil es eine Stadt ist und wir merkten, wie viel schöner es auf dem Land einfach ist und man besser durchatmen kann. Außerdem wurde es mir auf einmal ganz schwindelig, was auch an der Rumgurkerei mit dem Auto liegen konnte.

Als wir wieder zurück fuhren ist es mittlerweile wärmer geworden und die Wolken sind aufgerissen. Wir hielten an einer Stelle in einem Wald, um mitgebrachte Sandwichs zu verspeisen und unseren Coffee to go zu trinken.

Es war eine mystische Stätte, ein Bach schlängelte sich durch, Silber glänzend, mit Moos behängten Bäume (da haben wir sie endlich), die Sonne blinzelte durch die verbliebenen Wolken. Ich stellte mir vor, wie der *Nöck* Herr des Baches mit einer Baumdryade (Baumgeist) flirtet. Darüber war ich so begeistert dass ich meine Wasserflasche über meine Hose ausschüttete, dass selbst der Autositz nass war. Super, sah aus als hätte ich mir in die Hose gepinkelt. Da lachten sogar die Kobolde. Zum Trost genehmigte ich mir noch einen Scone (Gebäck). So gestärkt nahmen wir den Connemara Nationalpark in Angriff. Laut unserer Karte ein grüner Landschaftsfleck. Wir waren dort, und es hatte große Ähnlichkeit mit der Mondlandschaft. Claira meinte:" Man hätte jede andere Stelle auch einzäunen können, es wäre kein Unterschied." Aber selbst hier fanden wir zauberhafte Stellen. Wir entschieden uns für den kürzesten Rundweg, da es schon Nachmittag war. Nach ca. 1,5 Stunden umherirren, trafen wir endlich Menschen die uns sagen konnten, ob wir noch auf dem richtigen Weg waren. Wir waren diesmal nicht vom Wege abgekommen, und wir konnten auch den Torf bewundern, der ja das braune Gold Irlands genannt wird, wie ich Claira des Öfteren aufkläre.

An einer versteckten Stelle, im Dickicht fanden wir Rabenfedern aufgehängt, es sah aus wie ein nächtlicher Treffpunkt von Druiden, oder wie ein Opferungsplatz, schnell krochen wir wieder heraus und verließen den offiziellen Weg auch nicht mehr.

Zum Abschluss genehmigten wir uns noch einen Kaffee im Nationalparkrestaurant. Dabei diskutierten wir zur Abwechslung mal wieder lautstark. Jede vertritt stur seine Meinung, als ich plötzlich von dem Gefühl tiefer Liebe zu meiner Freundin überschwemmt wurde. Ich kann loslassen dachte ich und lauschte Claira wie sie ihre Meinung kundtat. Während sie ununterbrochen weiter sprach, flogen meine Gedanken davon, und ich fühlte mich frei. Endlich kann ich mich von dem inneren Zwang, mich verteidigen zu müssen, weil man sich ja irgendwie doch persönlich angegriffen fühlt (was ja nicht stimmt) losmachen. Es ist ein herrliches Gefühl. Clärchen merkte unbewusst die entspannte Schwingung und löste sich auch, und so ist schließlich aus der angespannten Situation eine heitere geworden. Wenn mir das bloß in jeder Situation gelänge, welch Harmonie könnte ich um mich herum schaffen. Das heißt ja nicht seine eigene Meinung aufzuheben, sondern einfach dem Anderen seine Meinung zugestehen können.

Zurück in unserer Pension genieße ich das gute Wetter noch ein Weilchen im Garten, während Claira sich im Zimmer frisch machte. Als plötzlich ein Hund vor mir stand, eine Mischung aus Bassett und Rollmops. Wir starrten uns an. Sogleich schoss mir ein Gedanke durch den Kopf, es könnte ein verwandelter *Leprechaun* (Kobold) sein, sei also freundlich zu ihm. Solch einen *wissenden* Blick hatte ich bei einem Hund noch nie gesehen. Ich grüßte ihn also freundlich, er starrte mich weiterhin komisch an, um im nächsten Augenblick einfach verschwunden zu sein, wie vom Erdboden verschluckt. Etwas verstört fuhr ich mit Claira

später zum Essen. Dieses Mal war unsere Nahrung nicht das Wahre, unsere Mägen grummelten und ich war etwas erschlagen, was natürlich auch von dem vielen Schlaglochgerüttel kommen konnte. Nebenbei erklärte ich Claira zum hunderteinsten Mal, dass der Torf, hier, auch das braune Gold Irlands genannt wird, was sie leicht an den Rand eines Nervenzusammenbruchs brachte.
Nun, machten sich auch noch die Böhnchen bemerkbar.
Quietsch

12.April 4. Tag
Hier fängt der Hahn bereits um 4 Uhr in der Frühe an zu krähen, nicht besonders laut, aber doch recht früh für meinen Geschmack.
Das Duschen ist in dieser Pension ein Wagnis der besonderen Art! Erst eisig, dann kochend heiß, der Duschstrahl zu schwach, die Heizung aus, aber man ist ja abgehärtet. Aber ein leckeres Frühstück und die lachende Sonne machten schnell Alles wieder wett. Heute fuhren wir zu unserer nächsten Pension am Shannon River.
Also ab ins blaue Hustengutzel und los ging's. Zuerst ging die Fahrt Richtung Cliff of Moher. Wie immer genossen wir das Autofahren. Die Mondlandschaft wechselte langsam über in die Karstlandschaft von *the Burren*. Der Eroberer Oliver Cromwell charakterisierte den Burren treffend: „Kein Baum, an dem man einen Mann aufhängen, kein Tümpel, worin man ihn ersäufen, keine Erde in der man ihn verscharren könnte"!
Nebenbei erklärte ich Claira, das der Torf auch das braune Gold Irlands genannt wird, zu ihrer hellsten Freude.
Irgendwo an der Steilküste machten wir dann Halt. Das dunkelblaue Meer war wild und leidenschaftlich, und die weiße Gischt spritzte bis zu uns hinauf. Wir trauten uns nicht sehr weit zum Abgrund vor.
Voller Energie ging die Fahrt weiter zu den Cliffs. Sie gehören zu den höchsten Steilklippen Europas.

Und da lagen sie vor uns. Eindrucksvoll und mächtig. Es waren natürlich sehr viele Touristenbusse da, aber interessanterweise störte es uns nicht sehr. Wir wollten ganz hinüber laufen, am Rand entlang zu den äußersten Klippen. Aber dazu hätte man über eine Absperrung turnen müssen, einen sehr schmalen Pfad ohne Abgrenzung entlanglaufen und das wo viele andere Menschen schon entlang gingen und entgegenkamen. Überall sah man Warnschilder mit dem Hinweis, Zutritt verboten, Privat, und lebensgefährlich. Als ich dann zufällig ein Gespräch von deutschen Bustouristen anhörte, wo Jemand erzählte, dass bei der vorjährigen Reise ein Mann hier abgestürzt ist, weil ein Stück Küste abbrach und dies des Öfteren passiert, machte es in meinem Bauch einen gehörigen Satz. Meine Alarmanlagen gingen und wir beschlossen die Abenteuerlust heute Anderen zu überlassen. Übrigens ein Riesenlob für die Toiletten, obwohl die Hölle los war, Tipp top. Ich bin begeistert.

Dann ging es auch schon wieder weiter. Durch viele kleine Fischerdörfchen mit bunten Häusern, gelangten wir am Nachmittag zu unserer Pension in Bunratty, am Shannon River. Ein romantisches, nettes Häuschen mit einem sehr altmodischen Zimmer. Bei der Toilette hatte man das Gefühl, als ob man mitten im Zimmer sitzt, zum Glück sind Claira und ich mittlerweile wie ein altes Ehepaar. Meadraid, die Wirtin machte einen netten, freundlichen Eindruck und erklärte uns Alles. Dann hieß es die Umgebung erkunden. Landschaftlich war nun alles wieder Grüner und hatte Ähnlichkeit mit der Natur bei uns in Deutschland, am Rhein. Leider lag der Shannon nicht direkt vor unserer Nase. In der Nähe unserer Unterkunft lag das Bunratty Castle, mit mehr als einer Wand, das von einem mittelalterlichen Dorf umgeben war. Gleich daneben lag eine ehemalige Molkerei die zu einem Pub umfunktioniert worden ist, wo wir dann auch gleich zu Abend aßen. Innen war der Pub mittelalterlich eingerichtet und bot auf seiner Karte einige Barbecue Gerichte an. Es war Klasse, das Essen schmeckte super, das obligatorische Guinness mundete, der Service war gut und die Toiletten sauber.

So frisch gestärkt wollten wir dann noch nach dem Fluss suchen. Viele Irrfahrten später hatten wir alles Mögliche gefunden, aber keinen Shannon River. Irgendwann gaben wir entnervt auf und fuhren zu unserer Pension zurück. Leider ist morgen unser letzter Tag in Irland und es machte uns ein wenig wehmütig!

13. April 5. Tag

Oh, weh! Haare waschen im Waschbecken. Da erfrieren sogar die Läuse so kalt war das. Aber immerhin wurde ich dadurch hellwach. Denn der Kaffe entpuppte sich als dunkel gefärbtes Wasser. Bisher hatten wir in Irland nur sehr guten Kaffee bekommen, so dass ich ins Grübeln kam, ob es vielleicht doch Tee war. Nein, es sollte tatsächlich Kaffee sein, wurde mir versichert. Dafür waren aber die Pfannkuchen lecker.

Nun stand das Castle auf dem Programm. Dafür hatte ich natürlich das beste Schuhwerk angezogen. Stiefeletten mit langer Spitze, was nicht so gut ankam beim Stufen steigen, die sehr schmal und eng waren, so dass ich nur quer hochsteigen konnte. Clärchens erste Worte als sie den Festsaal sah:" Aha, und das ist also der Fresssaal!" Sie konnte Alles immer so treffend bezeichnen. Die Burg war sehr eng gebaut und ich war froh endlich wieder draußen zu sein, vor allem mit heilen Beinen. Dann schauten wir uns das mittelalterliche Dorf an. Fischerkaten aus dem vorherigen Jahrhundert, eine Schule, verschiedene Läden, Gutshof, aber am Besten gefiel uns das Haus des Doktors. Am wenigsten mochten wir das Herrschaftshaus, welches nach unserer Meinung eine bedrückende Aura, voller Intrigen, Strenge und Leid umgab. Wir kauften später noch einige Souvenirs, wobei die Bonbons ziemlich schnell aufgelutscht waren und beschlossen ein wenig in der Umgebung umher zu fahren.

Wir hielten an einem kleinen Wäldchen und spazierten zu einem See. Da ich mich unter anderem mit Krafttieren beschäftige und auch Aura lesen kann wenn ich mich konzentriere, bot sich der Ort geradezu an es bei Claira zu versuchen. Sogleich erkannte ich ihr mächtiges Krafttier, wie sollte es auch anders sein, ein großer Adler, Herr der Lüfte, des Geistigen. Witzigerweise, sehe ich sie und einen Mann am See, vor meinem inneren Auge. Ich denke, och, das ist bestimmt Viggo (Aragorn), aber nein, es könnte auch ihr Mann Michael sein, ja, es ist Michael. Später erzählt sie mir dass sie sich vorgestellt hatte, wie sie hier am See mit einem Mann steht. Zuerst dachte sie an Viggo, aber dann wollte sie doch lieber ihren Mann dabei haben. Dies ist mir schon öfters passiert, wenn ich bei Jemand die Aura gelesen habe, sehe ich Bilder an die die Person gerade denkt. Seither warne ich vorher, dass sie aufpassen sollen an was sie denken, denn ich könnte es ja auch sehen.

Natürlich mussten wir mal wieder dringenst aufs Örtchen und so brachen wir schnell auf. In einer Amokfahrt ging es dann zurück.

Wir aßen noch mal im gleichen Pub wie am vorherigen Tag zu Abend und es schmeckte uns wieder superlecker. Natürlich auch das Guinness. So gestärkt wollte ich unbedingt noch zum Shannon. Wieder begann eine Fahrt mit Umwegen, Landung in einer Sackgasse, am Flughafen kamen wir vorbei und schließlich entdeckten wir doch noch, in einer kleinen Seitenstrasse ein Hinweisschild *Riverwalk*. Es war nicht unbedingt der Hit, aber wenigstens konnte Clairle das Revier markieren und zwar mitten auf dem Weg.

Wir beschlossen den Abend mit einem weiteren Guinness zu beenden. Nun liege ich im Bett und bin total stramm. Clarafee auch, bloß das sie sich nichts anmerken lässt, aber ihr Bäuchlein erzählt Geschichten.

Morgen müssen wir endgültig Abschied nehmen von Irland. Am liebsten würde ich meine Familie holen und die Insel

weiter erkunden. Es gibt noch soooo viel hier zu sehen und
mein Herz ist jetzt schon schwer vor Wehmut.

14. April 6. Tag
Heimflug. Abschiedsschmerz! Wann werde ich die irische
Luft wieder atmen dürfen? Wir machten im Flugzeug Pläne,
auch Schottland steht auf unserem Wunschzettel ganz oben.
Legolas trägt ja des Öfteren einen Kilt über seinen mint
grünen Stringtanga, nachdem sich mein Mann vehement
weigert so etwas anzuziehen.
In Frankfurt/Hahn ankommend nimmt uns Doreen in
Empfang, die es sich nicht nehmen ließ uns abzuholen. Da es
bei ihr immer ein wenig chaotisch zugeht, nenne ich sie auch
gerne Brausewind. Wir warteten also auf sie im Flughafen,
und warteten und warteten und warteten, nachdem sie uns per
SMS mitgeteilt hatte, dass sie sich etwas verfahren habe, aber
in ein paar Minuten eintreffe. Nach einer Stunde warten kam
ein Anruf von ihr, wo wir denn blieben, sie sitze schon eine
halbe Stunde in der Cafeteria am anderen Ende der Halle und
warte auf uns!
Beim Heimfahren saß Claira dann hinten und es war gut so.
Denn sie machte Doreen noch nervöser als sie eh schon war,
indem sie ihr erklärte dass sie z. B. falsch abbog (was sie
eigentlich von mir ja schon gewöhnt war). Irgendwann setzte
aber auch sie sich relax zurück und wir kamen tatsächlich
auch Zuhause an. Während der Fahrt erklärte uns Doreen,
dass sie eigentlich schon seit 30 Minuten bei einem Treffen
sein sollte und so war unser Brausewind schon wieder
verschwunden kaum das unsere Koffer ausgeladen waren.
Diesmal hatte mein Mann mit den Kindern gut durchgehalten
und ich beschloss spontan, dies mit weiteren Trips zu festigen!

unser *Hustengutzel*

Kylemore Abbey

Connemara Nationalpark mit Elbi

hier wohnen Elfen und Zwerge

Cliff of Moher

Möge dein Weg dir freundlich
entgegenkommen,
möge der Wind dir den Rücken stärken.
Möge die Sonne dein Gesicht erhellen
und der Regen um dich her die Felder tränken.
Und bis wir beide, du und ich, uns wieder
sehen,
möge Gott dich schützend in seiner Hand
halten.
Gott möge bei dir auf deinem Kissen ruhen.
Deine Wege mögen dich aufwärts führen,
freundliches Wetter begleite deinen Schritt.
Und mögest du längst im Himmel sein,
wenn der Teufel bemerkt, dass du nicht mehr
da bist.
(irischer Reisesegen)

Ich hatte einen Traum

…der Elbenkönig wartete auf der Waldlichtung…
die Moorwichtel lauschten seinen weisen Worten.
Die Nacht war klar und die Sterne funkelnden am Himmel.
Das Wasser des Sees glitzerte wie tausende
Diamantensplitter; der Wind sang leise sein Lied in den
Bäumen.
Da…Plötzlich, es raschelt, und ein schneeweißer Wolf trat
hervor aus dem Dickicht,
neben ihm seine Herrin. Sie war dem Ruf des Elbenkönigs
gefolgt.
Die Zeit stand still.

Ein Toilettenreiseführer muss her

Es gibt Hotelführer, Reiseführer, Campingführer, Wanderführer, Restaurantführer und viele mehr, aber keine Toilettenführer mit Bewertungen und dass wobei doch so viele Frauen des Öfteren, auf Reisen diese Örtlichkeiten aufsuchen müssen. Da sie von der Natur, in dieser Hinsicht ja leider, den Männern gegenüber, benachteiligt sind.
Wie oft habe ich meinen Mann darum schon beneidet, im Notfall kann er sich einfach an einen Baum stellen und sich erleichtern. Beim Stau auf der Autobahn sieht man so hie und da, die Herren der Schöpfung, einfach am Straßenrand, leicht durch ihr Auto verdeckt, und pieseln los. Unsereins muss sich erstmal durchs Dickicht kämpfen, sofern welches vorhanden ist, damit nur ja Keiner dabei zu sehen kann und ist dann trotzdem oft noch gehemmt. Ich war schon öfters kurz davor eine leere Flasche zu nehmen, im Auto, was sich aber auch nur mit reinster Akrobatik bewerkstelligen lässt, und ich es daher dann doch getan habe. Wenn dann endlich ein Rasthof in Reichweite kommt, wird losgestürmt. Meist sind die Toiletten dann überfüllt und je nach Größe des Rasthofes nur 3 Stück an der Zahl. Dem Geruch nach zu urteilen auch nicht die hygienischsten, manche sind auch unverschließbar. Mein Mann sieht es mir sofort im Gesicht an, ob wir Kamikaze gleich weiterfahren müssen, oder ob wir uns entspannt noch ein wenig verweilen können. Jahrelang habe ich mir den Kopf darüber zerbrochen, weshalb die öffentlichen Frauentoiletten verdreckter sind und nach Pumakäfig riechen, als bei den Männern. Nun bin ich zu dem Entschluss gekommen, das es wohl daran liegt, dass wir Frauen durch unseren anatomischen Anlagen, sprich Unterleib, wesentlich gefährdeter sind, mit Ansteckungen von Bakterien und dergleichen, als die Herren, denen es möglich ist, ihre Verrichtung freistehend zu machen. Wir sind daher genötigt, die reinste Akrobatik auf den Toiletten

anzuwenden, um ja möglichst nicht in Kontakt mit den Schüsseln zu kommen. Das dabei nicht unbedingt ins Becken getroffen wird liegt auf der Hand und da man ja auf der Durchreise ist fühlt man sich auch nicht veranlasst die Sauerei wieder wegzuwischen, zumal meist schon davor von Frauen Spuren hinterlassen worden sind. Dann fliegt auch noch ein Stück vom Toilettenpapier auf den Boden und wenn dann kein Personal da ist, welches ständig hinterher putzt, kommt es zu der bekannten Verunreinigung.

Eine der tollsten Verrenkungen erfordert der Besuch des WC mit dem Skioverall. Durch Skischuhe schon genügend Matsch und Dreck herein getragen, muss man dabei seinen Anzug heben, erstens das das obere Teil nicht den Boden berührt und zweitens dabei sich nicht voll pieselt, gleichzeitig will man ja aber auch das Becken nicht berühren. Stehtoiletten sind zwar praktisch durch den Hebegriff, aber wenn Jemand davor Durchfall hatte und Alles damit überschwemmte, kann einem wirklich Alles vergehen. Am hygienischsten ist es eigentlich im Freien, aber da kommt ja wieder das Problem sich verstecken zu müssen.

Immer mehr Autobahnraststätten führen Selbstreinigungstoiletten ein, was an und für sich eine saubere Geschichte ist. Leider sind sie nur durch Schranken passierbar, welche man mit 50 Cent öffnen kann. Als ich einen *Toilettenmann* fragte, was er mit Menschen macht die kein Geld parat haben, schaute er mich unverständlich an. Prompt, kaum war ich draußen, kam mein kleiner Sohn angeflitzt. Er musste dringenst Pipi. Natürlich kein Geld dabei, und ich hatte auch Keines mehr. Der Toilettenmann? Weit und breit keine Spur von ihm zu sehen. Ich verstehe ja das diese elektronischen WC s finanziert werden müssen, aber nichts desto trotz schaffen es die Menschen immer noch die Toiletten zu verunreinigen, denn man ist ja flexibel und findet immer wieder einen Weg.

Der besondere Kick bei diesen Selbstreinigungsteilen ist, dass gleichzeitig der Hintern gebadet wird, wenn man in die

Nähe der Lichtschranke kommt und somit die Spülung und Reinigung aktiviert.

Das neueste Highlight war letztens allerdings ein WC, in einer Parkbucht. Dies Spülung wurde aktiviert sobald die Tür auf bzw. abgeschlossen wird. Keine üble Sache, da so manch einer, in der Eile, nach der Verrichtung seines Geschäftes, vergessen hat zu spülen. Es sollte noch ein automatischer Toilettenpapier Aufheber erfunden werden, oder noch besser einen Popoabwischautomaten, mit Klarspüler und Trockner.

Die Tochter von Claira machte vor kurzem zum ersten Mal in ihrem Leben die Bekanntschaft eines Stehklos in Frankreich. „ Iiiiiih, nein, das kann ich nicht!"; war entsetzt ihr Ausspruch. Ihre Mutter machte es ihr vor wie es geht. „Nein, niemals, das geht nicht", war Töchterchens Antwort. Erst nach längerem zureden und abstützen der Mutter gelang das Werk. Die Schwester von Claira, betätigt immer die Spülungen mit dem Fuß, damit die Hände nicht in Berührung damit kommen. Das erfordert ein sehr gutes Balancegefühl. Ich empfahl ihr, es doch mal mit Taschentüchern zu versuchen. Ihre Antwort darauf war, sie könne mit den Schuhen doch keine Taschentücher festhalten.

Meines Erachtens hat Dänemark mit Abstand die saubersten öffentlichen Toiletten, selbst auf den Bahnhöfen sind sie so sauber das man aus den Becken trinken könnte.

Als ich mit meinem Vater einen Trip nach Jerusalem gemacht hatte, musste ich dringenst auf die Bahnhoftoilette. Eine Frau kam wild gestikulierend aus einem, von mir angepeilten Örtchen. Da ich nichts verstand und absolut superdringend musste, stürmte ich an ihr vorbei, machte die Tür auf und es schaute eine tote Ratte aus dem Becken heraus. Ich musste den ganzen Tag nicht mehr!

Letztes Jahr fuhren wir nach Italien runter, um in Livorno nach Sardinien (neben Irland meine große Liebe) mit dem Fährschiff überzusetzen. Nachts um 4 Uhr kamen wir am Fährhafen an. Alle Toiletten waren geschlossen, Büsche gab es keine, überall lagen Menschen auf den Wegen, die schliefen. In diesem Moment wünschte ich mir heiß und innig ein Wohnmobil. Schließlich nach 1,5 Stunden Suche fanden wir 3 Dixieklos die erbärmlich stanken, sie waren ohne Wasserspülung, eigentlich war überhaupt keine Spülung vorhanden. Es half mir alles nix, Ralf musste davor Wache stehen und ich drapierte mir ein Tempo vor die Nase, dann ließ ich es geschehen. Aber meine Blase hatte 2 Tage lang ein Trauma von diesem Erlebnis.

Fast witzig war hingegen die Heimfahrt von Sardinien, über die Schweiz. Nachdem die Tankstellen meist ja nur 1 Toilette haben, sagte ich zu Ralf, er soll bitte weiter zur größeren Raststätte fahren. Es kam aber Keine. OK, wir hielten also an einer anderen Tankstelle. Volltreffer! Stehklo! Mutig ging ich rein, war auch relativ sauber das Ganze, nun kam ich aber aufgrund einer schmerzenden Hüfte (hatte mich beim Federballspielen am Strand verrenkt) nicht in die Hocke, also weiter ging die Fahrt. Nächste Tankstelle, stopp, ich fragte gleich eine Deutsche die gerade in ihr Auto stieg, ob es hier Toiletten gibt. Ja, antwortete sie, und keine Stehklos. Prima, freudig in die Tankstelle rein um nach dem Schlüssel zu fragen, als mir die Wirtin pikiert antwortete:" Den gibt es aber nur, wenn hier auch etwas gekauft wird." Wenn ich nicht aufs eiligste das Klo gebraucht hätte, wäre meine Antwort anders ausgefallen. Mein Mann kaufte einen Schokoriegel und ich spurtete (so schnell wie es meine Hüfte zuließ) im Eilgalopp auf die Toilette, einem Rugbyspieler gleich der alles aus dem Weg räumt was ihm das Ziel versperrt.

Esther, eine liebe Bekannte, empfiehlt ergonomisch geformte Toiletten für die Frau. Sie stützt sich immer an den Wänden ab, wobei dann öfters ein Rückspritzeffekt eintritt. Eine Freundin von ihr fand eine Zecke im Genitalbereich, als sie beim Gassi gehen mit ihrem Hund, auch austreten musste. Das heißt, jetzt müssen wir uns auch noch mit Hilfe eines Spiegels nach diesen Biestern *unten* absuchen.

Bei Melanie war es keine Zecke, aber im Urlaub in Indonesien, hüpfte ein Frosch zwischen ihren Beinen hoch, da die Toilette ihres Bungalows ein Loch im Boden hatte. Während in Bali, das Badezimmer im Freien lag. Normalerweise wäre das nicht schlimm gewesen, denn die Nachbarn konnten nicht rüberschauen, aber gegenüber waren Bauarbeiter zu Gange. Man stelle sich vor, morgens noch etwas schläfrig zur Morgentoilette und es wird einem Beifall geklatscht. Schlimmer wäre allerdings eine Schlange gewesen. Übel ist auch wenn man eine Busrundreise macht und es kommt und kommt einfach kein Halt. Man kann seine Gedanken an Wasserfälle und Flüsse nicht mehr ablenken, und irgendwann ist man soweit nach vorne zu rennen und den Fahrer anzuflehen endlich einen Zwischenstopp einzulegen. Dann spurten im Laufschritt sämtliche Mitreisende in die Pampa. Ich habe meinen Wächter Ralf mitgenommen, der mein Dilemma ja schon kennt. Manchmal kommt man dann zu einem Ort in dem man von Papiertaschentüchern umgeben ist. Das sind dann die (ein-)geweihten Plätze von Touristen, Wanderern etc. Bei einer Pferdeschlittenfahrt konnte ich es kaum Abwarten ins Hotel zurück zu kommen. Ich nahm dann eine Abkürzung durch die Küche um festzustellen dass die Toiletten des Restaurants überschwemmt waren. In diesem Moment war es mir völlig egal und habe noch etwas *Wasser* dazu gespendet. Eine zeitlang hatte ich Blasenprobleme und musste dadurch viel Wasser trinken, was das Ganze noch beschwerte, denn ich suchte noch öfters die *stillen Örtchen* auf. Zum Glück hatten wir im Urlaub eine Ferienwohnung am Strand. Früher bin ich in solchen Fällen einfach weiter ins Meer rein geschwommen. Ralf wusste immer sofort Bescheid, wenn ich eine Weile auf der Stelle schwamm. Bei Situationen wo es nur 1-3 Toiletten gibt, aber einige Menschen davor anstehen, habe ich das Problem mich nicht richtig *entspannen* zu können und loszulassen. Im Kino

gehe ich dann oft während des Films schnell raus. Das ist natürlich Käse aber was macht man nicht alles!
Einer *Lebensberaterin* erzählte ich davon. Sie meinte daraufhin es liegt nicht an den Menschen die davor warten, sondern die Toiletten haben auf mich eine negative Energie, welche mich hemmt. Fakt ist, dass ich dieses Problem immer noch habe, ob es nun negative Energien sind oder Warteschlangen, es ist vor allem ein Kopfproblem meinerseits. Komischerweise gibt es bei den Männertoiletten selten Warteschlangen.
Als meine Kinder noch jünger waren, nahm ich sie auf die Toilette mit. Zum einen da sie selbst natürlich mussten, zum anderen konnten die Leute denken, es ist das Kind wo so lange darin braucht, und somit habe ich mich selbst austricksen können. Leider wollte Florian, sofort, wenn er fertig war raus und es entwickelte sich jedes Mal ein Kampf. Er wollte unbedingt vor mir aufs *Töpfchen* und wenn ich dann dran war, wollte er die Tür aufschließen und hinaus. Konnte ich ja verstehen, was sollte er warten bis seine Mutter endlich fertig war. Aber es ist nun mal peinlich wenn man gerade auf dem Klo sitzt und die Tür geht auf damit ja Jeder draußen sehen kann was da *läuft*.
Ein anderes Problem ist, wenn die Toilette nah am Geschehen ist. Z. B. direkt neben dem Wohnzimmer, und man kann die *diversen* Geräusche hören. Da ich es ja von den Anderen höre, nimmt man Meine ja auch wahr, sofern es welche gibt. Claira meint ich hab nen Knall, es ist doch das natürlichste der Welt. Alle Menschen, aber wirklich Alle müssen ihre Notdurft verrichten, wobei Geräusche entstehen. Sie kann jedenfalls überall und jederzeit, worum ich sie sehr beneide!

TOILETTENORDNUNG

1)Vor Benutzung dieses Klo´s ist der Deckel zu öffnen!

2)Beim Haare waschen im Klo Brille gut festhalten!

3)Sparsam mit dem Klopapier umgehen, Vorder- und Rückseite benutzen!

4)Klosettbürste nicht zum Zähneputzen oder Fingernägel reinigen benutzen!

5)Strom sparen! Trotzdem im Dunkel hohe Trefferquote anstreben!

6)Nebengeräusche durch lautes Pfeifen, Singen oder Jubilieren übertönen!

7)Spülung nur bei drohender Ohnmacht oder Erstickungsgefahr betätigen!

8)Bei Überschwemmung Ruhe bewahren! Schwimmweste anlegen! Langsam schlürfen!

9)Achtung! Bei mehr als 6-pfündiger Einlage Verstopfungsgefahr! Not- falls in Raten spülen!

10)Dauerhocker Vorsicht! Nach zwei Stunden wird der Schleudersitz automatisch ausgelöst!

11)Ab 20 Personen wird der Pott wegen Überfüllung geschlossen!

Der Feenclan fliegt nach Wien

Meine Freundin Claira bekam zu ihrem runden Geburtstag, (charmant übergehen wir hier die genaue Altersangabe), von mir und 6 weiteren Freundinnen, eine Wochenendreise nach Wien geschenkt. Eigentlich wollte ich zuerst einen Trip nach Edinburgh buchen, bis mir der Geistesblitz kam, dass nur ich dahin will und Claira eigentlich schon immer nach Wien wollte, da sie ja Geburtstag hatte und nicht ich, verdrängte ich edel meinen Wunsch nach Edinburgh zu fliegen, um hier am Rande noch mal zu betonen wie großzügig ich sein kann.

Es war eh ein Wunder, das alle 8 Frauen einen gemeinsamen Termin fanden, ein absolut denkwürdiges Erlebnis. Da war außer Claira und mir, Melanie, unser Sternenlicht. Wenn Melanie Einen anlächelt so strahlt ein eigentümliches Licht in ihren Augen. Sie bezeichnet sich allerdings eher als Little Buddha, was aber figurmässig nicht hinkommt, sie ist als zierlich zu bezeichnen, ok. das Little passt schon eher, sie ist nicht sehr groß eher klein, und ihre innere Ruhe ist schon sehr ausgeprägt. So sehr dass es ihr schon mal passieren kann, dass sie ihren Sohn in der Bäckerei vergisst und heimfährt. Dann wäre da unsere Evi, die mittlerweile aber Eva Maria Heiderose genannt werden möchte. Sie entspricht einer Mischung aus Waldelf, Kräuterweiblein, Mutter für Alle, Grand Dame und la dolce Vita. Doreen ist unser Wirbelwind der so ziemlich alles durcheinander bringt bzw. eine kleine Chaosspur hinter sich herzieht und von mir deshalb Brausewind genannt wird. Felicitas mit ihrem Sonnenkind Wesen, die wunderbar dirigieren kann, ohne das man böse wird (muss wohl im früheren Leben Sklaventreiber gewesen sein). Dann haben wir unsere Annkathrin, deren Aussagen sehr treffsicher und trocken sind und die sehr kurzsichtige

Karina, die aber sehr weitsichtig in vielen Dingen ist. Alles in allem acht sehr unterschiedliche Frauen, aber jede für sich ein kostbares Juwel und zusammen ein unschlagbares Team. Melanie, Evi (bzw. Eva Maria Heiderose), Doreen, Felicitas und ich haben unsere Kinder in der gleichen Schulklasse und trafen uns wöchentlich zum Basteln in der Schule. Claira ist dazu gestoßen, und mit Karina und Annkathrin kochen wir alle 4 Wochen für die Schüler in der Küche. Es entstanden dadurch wunderbare Freundschaften über die ich sehr glücklich bin und keine mehr in meinem Leben missen möchte. Unsere Diskussionen die wir dabei führen, reichen über eine sehr große Bandbreite. Vom Leben und Tod, Wiedergeburt, Religion, Haushalt, Politik bis hin zum SEX. Dabei wird auch zusammen geweint, aber was viel schöner ist vor allem gelacht.

Nun war es endlich soweit. Der Termin rückte näher. Allerdings hatte mein Körper sich eine Woche davor heftigst gewehrt. Zuerst eine fiebrige Erkältung, die dank positiver Gedanken (stellte mir vor wie ich pumperlgsund mit den Mädels im Café Sacher in Wien sitze) und stricheln nach Körbler, die dadurch recht schnell erträglich wurde, kam einen Tag vor der Abreise ein Magen-Darmvirus dazu und als besonderes Highlight Zahnschmerzen. Klasse, mein Sohn Dennis hatte an dem Tag auch noch Geburtstag, den ich ihm leider grundlegend versaute. So wusste ich nicht was schlimmer war, die Übelkeit oder die Zahnschmerzen. Tapfer bin ich zum Zahnarzt mit der Hoffnung, mich nicht während der Behandlung übergeben zu müssen. Nach einer Wurzelbehandlung und mit Penicillin für den Notfall ausgerüstet bin ich wieder nachhause, um nicht desto Trotz Koffer zu packen. Irgendwann trudelte Doreen bei uns ein, da sie und ihr Sohn bei uns übernachteten. Ralf fuhr am nächsten Tag die Jungs zur Schule. Doreen war auch etwas ratlos ob sie mitkommen kann, da ihr damaliger Freund, Brian, in London gerade im Krankenhaus mit einer Thrombose lag. So beschlossen wir erstmal die Nacht abzuwarten.

Natürlich wollte ich mir die Reise nicht entgehen lassen und flog mit!

Am 13. Juli 2007 brachen 8 wunderbare (oder eher wundersame) Frauen – feengleich anzusehen, nach Wien auf. Frühmorgens wurden wir von Annkathrins Mann zum Flughafen gefahren. Doreen hatte beschlossen zumindest bis zum Stuttgarter Flughafen mitzukommen, denn da könne sie immer noch entscheiden ob sie nicht doch lieber nach London zu ihrem Schatz fliegt.
Zuvor hatte Melanie mich um 5 Uhr früh Zuhause angerufen, dass sie den Reservierungscode für die Tickets vergessen hatte, aber da Elbi ihr Sternenlicht schon kennt, hatte ich diesen vorsichtshalber schon kopiert und eingesteckt.
Doreen stieg in den Reisebus nach vorne, damit ihr nicht schlecht werde. Ich saß in der hintersten Reihe um gleich den Härtetest Nr. 1 für meinen Magen, abzulegen, der zum Glück aber bestanden wurde.
In der mittleren Reihe saßen die Frühaufsteher, lautstark und ununterbrochen erzählten sie sich schon Geschichten. Sie bestanden aus: Annkathrin, Eva Maria Heiderose und Melanie. Dahinter saßen die noch müden, sprich recht wortkargen Frauen; Claira (die ihre Uhr, ihr Armband und den Reiseführer – in welchem sie so schön schon alles rot unterstrichen hatte- Zuhause vergessen hatte), Karina und ich.
Am Flughafen angekommen, meinte Annkathrin trocken: „Ich bin froh dass wir angekommen sind, da mein Mann gefahren ist!" Spontan kam der Gedanke bei uns auf, ob sie uns da etwas über die Fahrkünste ihres Mannes verschwiegen hatte?
Im Flughafen, genehmigten wir uns erstmal einen Kaffee, ich einen Kamillentee und besorgte mir vorsichtshalber gleich noch Tabletten gegen Übelkeit. Kleine rosa Pillen. Es wurde noch ein Reiseführer gekauft und ausgiebig studiert. Doreen entschied sich kurzerhand doch mit uns zu kommen, nachdem Brian sie am Telefon beruhigt hatte.

Der Flug verlief recht ruhig, außer das unser Waldelfchen leicht grünlich anlief – ich hatte ja schon eine rosa Pille geschluckt.

Vielleicht liegt es doch an Schwingungen der Toiletten, denn auf der Toilette in der Mitte konnte ich nicht, als ich dann verzweifelt auf die Rechte wechselte, klappte es komischerweise sofort.

In Wien gelandet ging erstmal die große Beratung los mit welchem Fahrgerät wir zum Hotel kommen wollten. Eva Maria Heiderose, ganz Grande Dame, schlug das Taxi vor, Doreen Brausewind wollte unbedingt mit der S-Bahn fahren, die breite Masse war unschlüssig und so wurde dann nach der S-Bahn gesucht. Doreen schnappte sich kurzerhand einen Passanten um nach dem Weg zu fragen, was Evi, sorry natürlich Eva Maria Heiderose, sicherheitshalber auch tat. Und siehe da, Beide hatten die gleiche Wegbeschreibung bekommen. Es gibt doch noch ehrliche Menschen....Nach kurzer Fahrt mit der Bahn und einem kleinen Gewaltmarsch zum Hotel, welcher durch Hunger und Durstgefühle noch erschwert war, kamen wir dann doch noch endlich an. Dort erwartete uns schon Felicitas, die 2 Tage früher nach Wien geflogen ist, da sie eine Freundin besuchen wollte. Jetzt war der Feenclan komplett. Es gab dann eine kleine Diskussionsrunde, wer mit wem das Zimmer teilt, wobei für Claira und mich schon von Anfang klar war dass wir zusammen gehören. Mittlerweile sind wir wie ein altes Ehepaar und aufeinander abgespielt. Karina und Annkathrin hatten sich auch schon vorher zusammen getan, sie bildeten die Abteilung Küchenfeen. Schließlich fanden Evi und Melanie zusammen und Doreen mit Felicitas, was wie sich herausstellte wunderbar harmonisierte. Nachdem wir uns alle etwas erfrischt hatten, hieß es erst einmal unseren Hunger und Durst zu stillen. Gleich um die Ecke vom Hotel fanden wir einen netten Italiener, wo wir uns stärkten für Wien. Dann wurde heiß diskutiert welche Sehenswürdigkeit wir als Erstes besichtigen wollten. In der Zwischenzeit bekam ich einen

Anruf von Zuhause, dass Dennis in der Schule gestürzt ist und nun im Krankenhaus an der Augenbraue genäht wurde. Natürlich wollte ich gleich nach Hause fliegen zu ihm, aber nachdem Dennis und sein Vater mir mehrmals versicherten das Alles im grünen Bereich ist, beruhigte ich mich wieder. Nun waren wir bereit für Wien, war Wien auch bereit für uns? Das erste Ziel hieß Stephansdom, von den Wienern auch liebevoll Steffl genannt. Die Entstehungsgeschichte des Doms geht bis ins Jahr 1147 zurück. Er war wunderschön und prächtig, vor allem aber ohne negativen Schwingungen und ich hatte wirklich das Gefühl von Lichtwesen umgeben zu sein. Melanie, Evi, Annkathrin und Felicitas beschlossen eine Führung in die Katakomben mit zu machen wo sämtliche Gebeine der Habsburger liegen. (Da fällt mir der Ausspruch eines Freundes ein, als wir in Menorca einen Grabhügel besichtigten. In dem Reiseführer stand damals, dass über 1000 Gebeine darin liegen, wobei Tommy ganz erstaunt ausrief:" Wieso haben die da nur die Füße rumliegen?") Claira und ich lehnten dankend ab, nachdem wir diese Erfahrungen im Westminster Abbey in London gemacht hatten, reichte uns diese Erinnerung völlig. Karina und Doreen schlossen sich uns an.
Als ich einen Moment alleine stand, kam ein Mann mittleren Alters auf mich zu und fragte mich, ob mir der Dom denn gefiele. Ja sehr, antwortete ich ihm, leicht verwundert. Woher ich denn komme, wollte er nun wissen. „Aus Deutschland." „ Ah, wie seine Frau", erzählte er und das er hier arbeitet. Er war ein wenig größer als ich, hatte mittel bis dunkelbraunes, leicht gewelltes Haar und einen Bart, wirkte nicht unsympathisch, außerdem war er leicht gehbehindert. Mittlerweile hatte sich Claira zu mir gesellt. Schließlich meinte er, er wolle uns etwas zeigen und deutete dabei auf eine Treppe die in die Gewölbe des Doms hinab gingen. Dies war mir nicht ganz geheuer, obwohl ich recht neugierig war. Es schossen mir Gedanken wie: Sakrileg, Orden der Gralsritter, Geheimbund, ich wurde wieder erkannt als eine

Inkarnation eines Mitgliedes ebensolches und sonstige ähnliche Abenteuer. Ich erzählte ihm, dass wir eigentlich zu Acht hier waren. Darauf meinte er:" Oh, das sind zu Viele. Das geht nicht." Wobei ich mit keinem Wort gesagt hatte, das die restlichen Frauen mit kommen sollten, andererseits wollte ich bei soviel üblen Geschichten die man hört doch nicht zu naiv sein und so verabschiedeten wir uns höflich. Claira und ich rätseln noch heute darüber, was er wohl im Sinne hatte uns zu zeigen. Aber ich denke es war die richtige Entscheidung die wir getroffen hatten.

Da die anderen Mädels noch mit der Führung unterwegs waren, beschlossen wir: Doreen, Karina, Claira und ich, ein schönes, gemütliches Kaffeehaus aufzusuchen. Sozusagen etwas typisch Wienerisches zu machen. Recht schnell fanden wir auch ein recht knuffiges Café und ließen uns einen großen Braunen (Kaffee mit Milch), Einspänner (Mokka mit Schlagsahne) und Melange (Milchkaffee mit Schlagsahnetupfer sowie mit Kaffeepulver, Zimt oder Kakaopulver bestäubt) schmecken.

Der Rest des Feenclans wollte natürlich nach ihrer kulturellen Unternehmung auch Kaffee trinken, aber bittschön es sollte schon ein (unserer Grande Dame Evi) empfohlenes Kaffeehaus sein. Es wurde zu einer kleinen Rundreise durch Wien. Auf dem Weg kamen wir durch die Einkaufsmeile, das altehrwürdige Hotel Sacher, die Staatsoper, und vieles mehr vorbei. Das Café stellte sich leider als Bistro mit recht ekligen Plastikstühlen raus. Spontan entschieden wir uns dann für das Café Mozart neben der Oper, wo wir voller Lust einem Stückchen Sachertorte und anderen Leckereien frönten.

Doreen hatte sich mittlerweile abgesetzt und fuhr zu unserem Hotel zurück, ein kleines Nickerchen zu machen, wobei sie dabei ungewollt noch eine kleine Extrarunde mit der S-Bahn machte, da sie in die verkehrte Richtung eingestiegen war. Auch ne Möglichkeit Wien kennen zu lernen.

Claira und ich machten noch einen kleinen Abstecher in eine Malteserkirche, in einer Seitenstrasse, die uns eigentümlich berührte.

Annkathrin und Eva Maria Heiderose beehrten die Toiletten des Hotels Sacher noch schnell mit einem kleinen Besuch. Dann ging es geschlossen zurück ins Hotel, welches wir überraschenderweise auch auf Anhieb fanden.

Die Mädels machten sich fürs Abendessen fertig und ich mich fürs Bett, da ich doch recht groggy und angeschlagen war. Clarafee versprach mir Legolas mitzubringen für den ich nackt, wie hingegossen auf dem Bett liegend warten würde.

Süß sah Claira aus! Scharfes Outfit! Eine Mischung zwischen Rockerbabe und Girlie. Schwarzes enges Top, schwarze Lederjacke, schwarze ¾ Hose und als absolutes Highlight, kaum noch zu Toppen: Sandalen mit Söckchen. Wäre ich nicht schon auf dem Bett gelegen, hätte ich mich vor Lachen auf den Boden geschmissen.

Leider hat meine Freundin diesmal ihren Wölkchenpyjama nicht dabei. Ich vermisse ihn doch sehr.

Gegen Mitternacht trudelte meine Zimmergenossin dann wieder rein. Ohne Legolas! Habe sie dann aber trotzdem Reingelassen.

Schön war der Abend, berichtete sie, sie hatten sehr gutes Essen genossen in einem lauschigen Biergarten. Unter großen alten Bäumen, ein paar Schnapserl dabei gezwitschert, ein süßer Ober bediente sie und zur Verlegenheit von Karina, das absolute Thema Nr. 1 SEX. Zum Abschluss ging es dann noch zum *Absacken* in die Hoteleigene Cocktailbar. Aber Alldem zum Trotz ist Claira kein einziges Mal an einem Möbelstück angeeckt und feengleich in ihr Betterl geschwebt. Seufz, ich wäre auch gerne dabei gewesen. Aber, bittschön morgen ist ja auch noch ein Tag!

Tag heuer 14. Juli 2007
Nach einer guten Nacht, die nur durch einen kleinen
Schnarcher, seitens Claira unterbrochen wurde, ging es zum
leckeren Frühstücksbüfett.
Doreen erzählte uns des Öfteren, dass sie jetzt absolut satt ist,
um kurz darauf mit dem nächsten vollem Teller vom Büfett
zu kommen. Nachdem Alle gestärkt waren verzogen sich die
Damen kurz aufs Zimmer, um das so genannte Tagesgeschäft
zu verrichten (bei dem Film *Schuh des Manitus* fordert der
Schurke – gespielt von Sky Dumont – seine Bandenmitglieder
vor dem Ritt auf:" Jetzt machen alle noch schnell ein Pipi
bevor wir aufbrechen!")
Erleichtert wurde als Erstes der Flohmarkt in Angriff
genommen. Dabei teilte sich die Truppe schnell auf. Unser
Brausewind wollte lieber richtig shoppen gehen, Felicitas und
Melanie ausgiebig durch den Flohmarkt schlendern und der
Rest stolperte durch den anschließenden Naschmarkt (welcher
der größte, schönste und sinnlichste Lebensmittelmarkt Wiens
ist), wobei wir plötzlich Karina und Annkathrin aus den
Augen verloren. Nach einigem hektischen Suchen und viele
Marktstände weiter, fanden wir die Beiden gemütlich an
einem Stand, Apfelsaftschorle schlürfend wieder. Spontan
beschlossen wir das Café Sacher mit einem Besuch zu
beehren. Annkathrin und Eva Maria Heiderose kannten ja
schon den Toilettenbereich. Das weltbekannte Kaffeehaus
hält tatsächlich was es verspricht, bzw. wie man es sich
vorstellt. Rote Samtsofas, Kronleuchter, unsere Karina geriet
regelrecht in Begeisterung über die Häubchen der
Kellnerinnen, dass wir in Erwägung ziehen, ihr zum nächsten
Geburtstag eins zu schenken, damit sie ihren Mann dann
stilvoll bedienen kann. Claira meinte, sie würde so ein
Häubchen ihrem Mann um die Ohren schlagen, von wegen
ihn zu bedienen (dabei wird er von ihr vorne und hinten
bekocht, er hat gar keine Chance etwas zu machen).
Jedenfalls ist das Sacher in Wien einen Besuch wert, wenn
man solch nostalgisches Ambiente liebt. Auch das Stückchen

Sachertorte mit Schlagobers (Schlagsahne) und einen Einspänner dazu sind nicht übertrieben teuer und schmecken sehr lecker. Mittlerweile ist auch der Rest der Feen eingeschwebt, wobei Doreen nicht nur eine sehr erfolgreiche Shoppingtour gemacht hatte, sondern auch noch eine Führung durch die Staatsoper gemacht hatte. Aber bittschön, immerhin haben wir ja eingehend die Karte des Sachers studiert und kennen nun diesen hauptkulturellen Teil Wiens.

Als nächstes stand eine Stadtrundfahrt auf dem Programm. Kaum in den ersten Rundfahrtbus eingestiegen mussten wir auch schon wieder aussteigen da dieser Bus nur für Englisch sprechende Touristen zuständig war. Dem 2. Busfahrer war wohl unsere geballte Weiblichkeit zuviel und weigerte sich uns Reinzulassen, so kamen wir nicht nur in den Genuss sämtliche Sehenswürdigkeiten von Wien kennen zu lernen, sondern das Ganze auf Deutsch und Spanisch erklärt bekommen zu haben. Wobei unser Brausewind drohte auszusteigen und zurück zum Hotel zu fahren, wenn sie das *Geschwätz* auch noch auf Spanisch anhören muss. Zum Glück blieb sie ein Weilchen noch sitzen und ist dann für den Rest der Fahrt eingeschlafen.

Die Häuser in Wien machen schon großen Eindruck, mit ihren vergoldeten Ornamenten auf weißer Fassade, man fühlt sich gleich in Sisis Zeit zurückversetzt. Allerdings vermisse ich hier grün, es gibt fast keine Bäume oder Parks, das finde ich etwas traurig und wirkt gleichzeitig Alles auch ein wenig staubig und öde.

Bei Schloss Schönbrunn wurde eine größere Rast eingelegt um die Sommerresidenz der Habsburger, auch Österreichs Versailles genannt, besichtigen zu können. Die Anlage geht auf einen bürgerlichen Herrensitz zurück, den Kaiser Maximilian II. 1559 kaufte und zu einem Jagdschloss ausbaute. 1683 entstand dann der Bau in seinen heutigen Grundformen. Kaiserin Maria Theresia machte es zum

strahlenden Mittelpunkt der Monarchie, die mit ihrem Gemahl Franz I. Stephan von Lothringen und ihren 16 Kindern lebte. Bei 30 Grad Hitze waren wir alle recht schlapp und so ging es nach einer kleinen Verschnaufpause zurück ins Hotel. Natürlich gab es beim Umsteigen der S-Bahn öfters kleine Debatten welches denn nun die Richtige sei. Einige schauten sich die Fahrpläne an; Felicitas, Doreen und Eva Maria Heiderose fragten, unabhängig voneinander, mehrere Passanten, nach der Bahn, Elbi schaute sich währenddessen lieber die Leute um sich herum an.
Schließlich landeten wir aber doch in unserem Hotel und ruhten uns ein wenig aus.
Für den Abend war die Donauinsel angesagt. Die 200 m breite und viele Kilometer lange künstliche Insel zwischen Hauptstrom und Entlastungsrinne der Donau entstand im Zuge großräumiger Hochwasserschutzprojekte. Sie wurde in eine riesige Erholungslandschaft umfunktioniert, eine Art *Binnenadria* mit Badestränden, Rad- und Wanderwegen, Spiel- und Sportanlagen, Restaurants und Diskos. Hier geht sozusagen der Punk ab.
Doreen lud die Mädels zum Gläschen Prosecco ein, wo sich die Barchefin gleich fürsorglich um uns kümmerte. Sie hatte gerade die benachbarte Strandbar gekauft und heute eröffnet. Sogleich mussten wir diese in Augenschein nehmen, wobei sie uns zur Feier des Tages zum 2. Gläschen einlud.
Beschwingt ging es dann auf Essenssuche. 8 Frauen mit recht unterschiedlichen Vorstellungen und Geschmäcker, ein nicht ganz einfaches Unterfangen. Mehrere Restaurants wurden inspiziert, wobei man sich dann doch zum Schluss für das Erste entschied; als uns plötzlich auffiel das unser Brausewind fehlte. Felicitas meinte, sie komme bestimmt gleich wieder, und so warteten und warteten und warteten wir. Schließlich beschlossen wir den ganzen Weg noch mal zurück zu gehen, und siehe da, Doreen saß schon längst im letzten Restaurant und studierte die Speisekarte.

Nach dem Essen bangte Karina mal wieder um unsere Ehre. Denn welches Lied fällt einem spontan an der Donau ein? Richtig! Das Donaulied! – Einst ging ich am Rande der Donau entlang, ohohohohlalala… Am Ende hatten wir aber dann doch ein Einsehen mit ihr und benahmen uns wieder anständig, bis Doreen ganz entsetzt von der Toilette zurück gerannt kam. Im Toilettenraum ist ihr ein Mann begegnet. Zur Freude von unserem Sonnenkind Felicitas stellte sich heraus dass es eine gemischte Toilette war.

Doreen und Felicitas wollten noch einen loshotten (tanzen) gehen, aber der Rest der Feen lieber gemütlich irgendwo noch etwas trinken. So teilte sich der Feenclan wieder auf.

Fast am Ende der Insel fanden wir eine nette Bar, wo wir uns mit Wasser einen antranken.

Und wie es so ist wenn man in einer gemütlichen Runde sitzt, man kommt ins Erzählen.

So erfuhren wir, wie die jeweiligen Ehepartner kennen gelernt wurden.

Unser Sternenlicht kommt aus dem tiefsten Schwarzwald, da wo noch richtig Fasnet gefeiert wird und wie sollte es da auch anders passieren? Melanie sah Martin, und da er keine Anstalten machte, sprach sie ihn kurzerhand mit folgenden Worten an:" Du könntest mir jetzt einen Trink ausgeben." Was Martin dann auch tat. Dieser Trink hatte es in sich und das Schwarzwaldmädel fand ihren Schwarzwaldbub (wobei Martin eher wie ein Elbenschmied von Herr der Ringe aussieht).

Eva Maria Heiderose, damals noch schlicht Evi genannt, lernte ihren Gerd in dem elterlichen Restaurant kennen. Sie sah diesen blonden Engel und bediente ihn persönlich. Die 2 waren jeweils noch anderweitig gebunden, aber was soll man machen? Liebe geht in diesem Fall förmlich durch den Magen. Es stellte sich heraus das die damaligen Partner Geschwister waren, doch Evi und Gerd bekannten schnell offen ihre Liebe zueinander und beendeten die anderen Liasonen Fairerweise, blieb ja irgendwie in der Familie. Der blonde Engel lässt sich immer noch gerne von seiner Waldelfe ringsum verköstigen. Annkathrin lernte ihren Mann zufällig auch im Fasching kennen. Sie ging mit einer Freundin *schlumpeln*, wobei sie sich dabei aber wie ein Mauerblümchen vorkam. Sie wollte sich aus Frust ein Bierchen genehmigen, bekam aber die Flasche nicht geöffnet. Als ein großer „Schwarzer" (nein, er ist kein Farbiger, er hat nur schwarze Haare), ihr die Flasche abnahm und sie ihr lässig aufmachte. Mittlerweile schlumpeln sie aber am liebsten zuhause auf der Couch zusammen.

Ihren Mann lernte Karina bei sich Daheim kennen. Sie hatte ihre Freundin und deren Freund zu einem gemütlichen Abend bei sich eingeladen, als diese noch einen Bekannten mitbrachten. Diesem gefiel es so gut bei Karina, das er einfach sitzen blieb, als die Freunde schon gegangen waren. Und da sitzt er noch heute…...

Bei Claira verhielt es sich so, dass sie zum tanzen in einer Disco war, als ihr Zukünftiger sie zu einem Tänzchen aufforderte. Er war genau ihre Kragenweite, aber leider sprach er den ganzen Abend nach dem Tanz nicht mehr mit ihr, sodass sie ihn abhakte und nachhause fuhr. Eine Woche später waren beide wieder in der gleichen Disko, und wieder ignorierte er sie. Als sie sich dann entschloss heim zu fahren, hielt er sie am Ausgang fest. Seither ließ er sie nie mehr los, und reden tut er auch. Ununterbrochen.

Ich fuhr mit Michael schon zu einem Termin im Auto. In dieser Stunde wo wir unterwegs waren, habe ich ganze 2 Sätze zu ihm gesagt, den Rest der Zeit hat er ununterbrochen gesprochen.

Ja, und dann war da noch die Geschichte von Elbi und dem Möhrenhabicht.

Früher habe ich oft erzählt, dass mein Zukünftiger im Busch sitzt und ich ihn da hole. Wie man manchmal so daherredet. Heute weiß ich es war eine so genannte Bestellung im Universum, wo ich damit losschickte.

Ich flog mit einer Freundin zum Urlaub nach Kenia. Wir wollten uns einfach nur erholen und relaxen, ohne Männer. Gleich am 2. Tag kamen 2 Typen auf uns zu, als wir mit unseren Liegen am Strand lagen, ihre Liegen im Schlepptau. Ich sagte noch zu meiner Bekannten:" Die wollen doch nicht zu uns kommen?" Als sich Ralf auch schon neben mich legte. Er ließ sich durch nichts davon abhalten mich voll zu quatschen. Ein Staubsaugvertreter ist Dreck dagegen. Demonstrativ zog ich den Kopfhörer meines Walkmans (daran sieht man wie lange das schon her ist) auf, er zog sie mir einfach wieder runter und laberte weiter. Ja, und dann erzählte er mir vom Möhrenhabicht. Ob ich den kenne. Was soll ich sagen, mittlerweile kenne ich den Möhrenhabicht und Ralf redet auch nicht mehr soviel, zum Glück. Als ich wieder in Deutschland war und erzählte das ich einen Mann kennen gelernt habe, meinten alle zuerst ich habe mir einen Farbigen geangelt, was ich ganz witzig fand, denn Ralf ist genau das Gegenteil – ein Norddeutscher -!
Nach diesen aufschlussreichen Gesprächen erreichten wir mit viel Glück noch die letzte Bahn und fielen müde in unsere Betten.

Tag heuer 15.07.
Ja, da schau her, Clairle und Elbi waren fast die Ersten beim Frühstück heute Morgen, nur Doreen war schon früher dran. Nachdem alle eingetrudelt waren und lecker gefrühstückt hatten ging es noch mal zurück aufs Zimmer, das morgendliche Geschäft zu verrichten und das Gepäck runter zu bringen, denn leider war heute auch unser Abreisetag. Vor dem Heimflug wollten wir aber noch die Hofburg besichtigen, außer Melanie und Doreen, die unbedingt die Ausstellung der chinesischen Terrakottakrieger anschauen wollten.

Die Hofburg war lange Zeit die Residenz des österreichischen Herrscherhauses. Als erstes schauten wir uns das Sisi Museum darinnen an. Man wurde zuallererst mit der Totenmaske von Kaiserin Elisabeth konfrontiert und ihre letzten Lebensjahre, was uns außer der enormen Hitze, sehr bedrückte. Als Kind habe ich die Biographie von Elisabeth gelesen, die nur als Kind und junges Mädchen Ähnlichkeit mit der Sissi im Film in Wirklichkeit hatte. Sie kommt mir vor wie die Wiedergeburt einer Fee, die in diese höfische Zwangsjacke gequetscht wurde und dadurch recht depressiv, die sie durch ihre extremen Ablenkungen bekämpfte, ob das ihre stundenlangen Gewaltmärsche waren, ihre eiserne Diäthaltung, stundenlanges lernen von Sprachen, reiten, reisen und vieles mehr. Nach ihrem Ableben kehrte sie wieder in ihr eigentliches Feenreich zurück.

Am meisten bedrückt mich die Aussage, dass sie ihrem Mörder die Hand gedrückt hätte, wenn sie es gekonnt hätte und ihm gesagt hätte, dass er gut daran getan hat. Man kann sagen was man möchte, aber für ihren Mann Kaiser Franz Joseph war es bestimmt auch sehr schwierig dem Treiben seiner eigenwilligen Frau zu zusehen.

Schließlich kamen wir durch die kaiserlichen Räume und die Silberkammer, in der das, laut unserem Hexenforz Claira, Fressgeschirr ausgestellt wurde.

Am Ende schleppten wir uns bei 36 Grad Hitze über den Hofburgplatz, wo ein paar Fiakerkutscher auf Kunden warteten. Einer der Kutscher hatte wohl schon zu lange in der Sonne gesessen, denn als Claira nicht auf sein Fahrangebot einging, meinte er: Er weiß was wir denken, dass sie alle Tierquäler sind, aber die Alternative wäre dann Pferdefleischkäse."

Worauf Claira, zu Recht, konterte:" Die Alternative heißt zu Fuß gehen und Vegetarier werden, sie kann es ihm vor machen!"

Ja, hallo wo bleibt denn hier Bitteschön der *Wianer Schmäh*? Küss die Hand Madam? So, bekommt man keine

Kundschaft! Grundsätzlich haben wir nichts gegen Fiaker fahren, wenn wir nicht zeitlich begrenzt gewesen wären, hätten wir bestimmt auch eine Fahrt gemacht. Aber dann vom Stephansdom aus.

Im Café beim Palmenhaus, nahe der Hofburg, erwarteten uns schon Doreen und Melanie, die sehr enttäuscht von der Ausstellung waren. Die Terrakottakrieger haben sich als Kopien heraus gestellt.

Leider war ich zu erschöpft um noch weiter zu laufen und so bestellten wir uns eine Kleinigkeit zum Essen, hier im Café. Später stellten wir dann fest, dass nur ein paar Meter weiter, wunderschöne Gässchen zum Heurigen einluden.

Nun trennten wir uns abermals, denn Felicitas und Melanie wollten noch eine Staatsopernführung mitmachen und der Rest des Feenclans nochmals zum Café Sacher.

Eva Maria Heiderose (Grande Dame) und Elbenrose kauften für ihre *Süßen* zuhause kleine Sachertörtchen, die laut Verkäuferin in den Holzkistchen bis zu 40 Grad Hitze aushalten können. Und? Tatsächlich, der Test wurde mit Glanz und Gloria bestanden. Die Törtchen kamen wohlbehalten und gekaufter Form zuhause an.

Im Café speisten wir nochmals ein Stückchen Sacher, mit Schlagobers, mmmh ein absolutes Gedicht für die Sinne, wenn jemand auf Schokolade steht. Dazu wurden ein großer Brauner (180 cm groß….), Melange, Einspänner und Eiscafé getrunken. Lecker!

Dann hieß es auch schon schnell zurück ins Hotel, Koffer holen. Dort fing Karina plötzlich verzweifelt ihr Flugticket zu suchen. Dabei stellte sie ihr Gepäck völlig auf den Kopf und wir entdeckten ihr kleines Geheimnis. Die Slips waren in der Laptoptasche ihres Mannes verwahrt, den er ihr dafür extra mitgegeben hatte. Ob die Unterwäsche dadurch knackige Frische bewahrt? Schließlich fand die Zimmerfrau das Ticket, es war hinter den Fernseher gerutscht. Zurück zum Flughafen leisteten wir uns diesmal aber Taxis. Entspannt kamen wir an. Wir verabschiedeten uns von Felicitas, die eine halbe Stunde vor uns flog. Sie hatte keinen gemeinsamen Rückflug mehr bekommen. Bei mir piepste es mal wieder, als ich durch die Kontrollschranke ging. Aber außer meinen obligatorischen Ob´s die ich peinlicherweise in meine Hosentasche stopfe und auch schon verloren habe, wenn ich etwas darin suchte, fand sich nichts bei mir. Jetzt war es soweit. Der Feenclan sagte zu Wien „leise Servus"! Der Flug war wieder recht ruhig, nur unsere Waldelfe klappte ihr Tischlein zu, obwohl der Becher mit Wasser noch draufstand. So ist sie wenigstens gut erfrischt in Stuttgart gelandet.

Annkathrins Mann fuhr uns wieder nach Hause. Mit einem lachenden und einem weinenden Auge trennten wir uns. Lachend, weil es so schön war und weinend, weil es schon vorbei war. Aber wo ein Ende ist, ist auch ein Anfang und so beschlossen wir bei jedem runden Geburtstag von uns, so etwas zu wiederholen.

Für mich gab es leider noch ein Nachspiel. Nachdem ich die Reise auf Teufel komm raus erzwungen hatte, obwohl es mir gesundheitlich nicht gut ging, bin ich ein paar Tage später völlig schachmatt gesetzt worden. Außer dem Magen-Darminfekt habe ich mir noch eine gesalzene Wurstvergiftung zugezogen. Ich werde also das nächste Mal auf meinen Körper hören, wenn er solch vermehrte Hinweise gibt, das er wo nicht hin will, und keine rosa Pillchen mehr schlucken, sondern es brav Zuhause auskurieren.

Der Feenclan v.l.n.r.:Karina, Felicitas, Melanie, Doreen, Eva Maria,
Claira und Annkathrin

Claira, Annkathrin und Karina beim studieren des Stadtplans

…küss die Hand…

das ehrwürdige Hotel Sacher

der Feenclan vorm Schloss Schönbrunn

beim Kaffeepäuschen, Karina, Claira und Doreen

Der Black Forrest ruft

Nun dauerte es wieder ein weiteres Jahr bis es endlich soweit
war und ich mein Köfferchen wieder einmal packen durfte.
Wie im Jahr zuvor ausgemacht, dass wir uns bei den runden
Geburtstagen einen Trip genehmigen, war es dieses Jahr bei
unserer Karina soweit.
Schon einige Zeit vor ihrem Geburtstag ließ sie durch die
Blume blicken, dass ihr ein Wochenende im Schwarzwald
sehr gefallen würde.
Natürlich stieß das bei uns auf offene Ohren und schnell
wurde ein passendes Hotel am Feldberg ausfindig gemacht.
Wir wollten einfach nur die Ruhe genießen, wandern, gute
Gespräche führen, viel lachen, gut essen und trinken, und das
alles ohne Stress und Zwang.
Ich bot mich als Fahrer an, da es nur ca. 2 Stunden von
unserem Zuhause entfernt lag.
Mit von der Partie waren diesmal, natürlich unser
Geburtstagskind Karina, Eva Maria Heiderose (unser
Waldelbchen), Annkathrin, Claira und ich.
Es gab natürlich wieder einmal eine kleine Aufregung vorher,
denn ausgerechnet zu dem ausgemachten Termin, wollten
meine Schwiegereltern voraussichtlich umziehen, und mein
Mann sollte ihnen selbstverständlich helfen. Sie waren sich
aber nicht ganz sicher ob der Umzug tatsächlich an dem
Wochenende stattfinden sollte oder das danach. Nach
bekanntem hin und her, sagte mein Mann, ich solle nun fest
buchen, wenn sie sich nicht entscheiden können.

Am 25.07.2008 war es dann soweit. Die Sommerferien hatten
schon begonnen, die Jungs wusste ich von meiner Nachbarin
mit dem Mittagessen versorgt, bis mein Mann nach Hause
kam, und unser Hund, den wir in der Zwischenzeit dazu

bekommen hatten, (endlich ein weiblicher Zuwachs) wurde von Dennis und Florian Gassi geführt. Vor 10 Monaten hatte die ganze Familie sich in eine Australian Shepherd Hündin verliebt – Tara-. Eine wirklich wundervolle Erweiterung unserer Familie. Lieb und ruhig, ganz wie ihr Frauchen (ich), hat sie sich in unser aller Herzen geschmuggelt. Ich fluche zwar frühmorgens, wenn ich mit ihr raus muss, aber wenn im Morgenlicht der Tau im Gras glitzert, die Sonne den Tag begrüßt und die Vögel freudig zwitschern, möchte ich mit Niemanden tauschen. Tara hüpft dann wie ein Känguru durch die Weizenfelder, sprintet über die Felder mit fliegenden Ohren, und wenn sie dann zurückkommt, sieht sie wirklich wie ein lachender Hund aus. Sie ist ein Geschenk für uns. Die Kinder lieben sie, und wenn eines Kummer hat, legt sie ihre Pfote auf sie drauf. Vor kurzem brach ich in Tränen aus, wegen einer wunderschönen Melodie, sie schaute mich verdutzt an und legte ihre Pfote auf meinen Arm, so dass ich noch mehr heulen musste, weil es mich so berührte. Natürlich zickt sie auch ab und zu, sie fängt dann an nach Mäusen zu wühlen, oder zumindest versucht sie sich nach Australien durchzugraben. Wenn ich sie dann rufe, hört sie nicht, ich könnte mich auf den Kopf stellen oder nach Timbuktu laufen, es stört sie keinen Pfifferling. Wenn sie sich dann doch entschließt zu ihrer „laufenden Futterstelle" zu kommen und ich schimpfe mit ihr, weicht sie mir aus damit ich sie nicht zur Strafe anleinen kann. Mittlerweile habe ich gelernt alle negativen Schwingungen fallen zu lassen und mich einfach zu freuen dass sie überhaupt kommt, und siehe da, sie lässt sich brav an die Leine nehmen. Zum Glück, haben Mäuse anscheinend Saison, denn dies geschieht nur alle 2-3 Monate. Bei meinem Mann ist sie schon des Öfteren, immer im Abstand von 2 Metern zu ihm, nach Hause gekommen. Wenn er die Tür aufschließt und brüllt:" Ab, ins Körbchen." Weiß ich sofort Bescheid, sie war mal wieder ausgebüxt. Sie läuft dann schnurstracks mit hängenden Ohren und eingezogenem Schwanz in ihren Korb. Da kommt sie erst wieder heraus,

wenn man mit ihr spricht (was nicht wirklich lange dauert).
Tara ist meine *Spirit ghost dog* und die ganze Familie liebt
sie heiß und innig. Schuld dass wir auf den Hund gekommen
sind, ist eigentlich Claira, die ein halbes Jahr zuvor, sich einen
Sheltie geholt hat. Askar kann tänzeln wie eine Ballerina und
sieht mit seinem fuchsähnlichen Gesicht aus wie ein
Elbenkönig. Tara liebt Elbenkönig und rennt ihn vor lauter
Freude jedes Mal um, da sie von Natur aus größer ist als er,
was aber Askar nicht wirklich etwas ausmacht, er fordert sie
geradezu dazu auf, indem er vor ihr her tänzelt.
Aber genug von Hundegeschichten, zurück zum Ausflug der
Feen in den Black Forrest (Schwarzwald).
5 Minuten bevor ich losfahren wollte, rief mich Claira an,
dass sie nicht mitkommen könne, sie habe fürchterliche
Blasenschmerzen und erstmal zum Arzt müsse. Wer schon
einmal solche Schmerzen hatte, weiß das damit nicht zum
Spaßen ist. Man kann kaum sitzen, stehen, geschweige denn
laufen. Ich war geschockt, ohne Claira, Serafina Hexenglanz
sollten wir fahren? Ein absolutes Unding. Schnell fuhr ich zu
ihr rüber, um ihr anzubieten, sobald es ihr besser geht, sie
nach zu holen. Mit dem Versprechen, dass sie sich sofort
meldet, wenn sie beim Arzt raus kommt, fuhr ich zuerst zu
Eva Maria, wo auch schon Annkathrin wartete und dann
Richtung Karina.
Davor machten wir noch eine kleine Rundreise. Denn
Annkathrin erklärte mir welche Ausfahrt ich nehmen solle,
die einfach nicht kam. In Rastatt angekommen, war ich mir
dann sicher, dass diese Ausfahrt definitiv nicht mehr kommt.
Also, wir wieder ein ganzes Stück zurück. Mittlerweile hatte
schon Karina angerufen, ob wir überhaupt noch kommen
wollten, und Claira meldete sich vom Arzt. Sie gab uns
Bescheid dass es ihr schon wesentlich besser gehe und ihr
Koffer ja noch gepackt war. Wir beschlossen erst Karina
abzuholen, die lange genug schon auf uns wartete und dann
noch mal zurück zu fahren und Claira mit zu nehmen. Wir
freuten uns riesig. Also, sammelten wir Karina ein und fuhren

zu Claira. Dort angekommen ging es unserer Freundin leider wieder schlechter und es entstand eine langwierige Diskussion, ob wir sie einfach packen und ins Auto verfrachten sollten, oder ob es tatsächlich besser für sie wäre, sich Zuhause auszukurieren. Ich machte in der Zwischenzeit noch eine kleine Stippvisite bei mir Daheim, zur hellsten Freude meiner Jungs. Es war aber zu meiner Beruhigung alles Ok. Schließlich siegte bei uns die Vernunft und wir fuhren ohne Claira los, aber mit ihrem Versprechen, am nächsten Tag nachzukommen, sobald es ihr besser geht. Diesmal machten wir auch keinen Umweg mehr, sondern fuhren auf dem kürzesten Weg direkt zum Feldberg, im Schwarzwald. Schon nach 2 Stunden Fahrt kamen wir bei unserem Hotel an. Karina stürmte sofort aus dem Auto, bereit jedes Hindernis das ihr in den Weg kommen sollte zu überspringen, da sie ganz fürchterlich auf die Toilette musste. Frauenunüblicherweise hatten wir nämlich keine Pipi Pause auf der Fahrt eingelegt, sondern sind ohne Stopp durchgebraust. Zum Glück lagen die Toiletten gleich hinter dem Hoteleingang. Kurz darauf konnten wir auch schon unsere Zimmer beziehen, die sehr groß, hell und komfortabel waren. Waldelfchen und ich nahmen ein Zimmer zusammen und unsere 2 *Küchenfeen* das Andere. Vor 2 Jahren hatten Eva Maria und ich zusammen ein Seminar besucht. Damals trug sie ein verführerisches, schwarzes Top zu einer sexy Hose, als Nachtgewand und ich einen karierten Pyjama. Ich kam mir damals vor wie die Landfrau neben *La Dolce Vita*. Ja, und diesmal? Bingo, meine Erwartungen wurden nicht enttäuscht, sie hatte das gleiche Outfit wieder dabei, und ich enttäuschte sie genauso wenig, denn Elbenrose hatte ihren Karierten auch wieder dabei.

Nachdem wir uns kurz frisch gemacht hatten, ging es erstmal auf die Hotelterrasse, um ein leckeres Süppchen zu essen. Danach gab es noch Kuchen bis zum Abwinken, sodass sich unsere Bäuchlein freuten. Die Sonne schien, es war angenehm warm, die Tannenwipfel winkten uns einen

Willkommensgruß zu, und man hatte das Gefühl als käme gleich ein Hirsch aus dem Dickicht heraus gestürmt. Außer einem schwarzen Eichhörnchen sahen wir allerdings nichts. Nachdem wir so gestärkt waren, erkundeten wir noch ein wenig die Gegend.

Als Kind musste ich jedes Wochenende mit meinen Eltern in den Schwarzwald zum spazieren laufen. Da ich ein Einzelkind bin, war dies recht langweilig für mich und ich blieb oft stur im Auto sitzen, bis die Eltern wieder zurück waren. Und doch, ist es Heimat für mich, sobald ich diesen intensiven Tannenduft rieche und kann meine Eltern mittlerweile heute sehr gut verstehen. Da meine Eltern schon lange gestorben sind, fühle ich mich ihnen hier sehr nahe. Meine Mutter starb, als ich 16 Jahre alt war, nach 10 jähriger Krankheit an Brustkrebs und mein Vater, als ich 30 Jahre alt wurde an einem Herzinfarkt. Im gleichen Jahr wo ich geheiratet hatte. Glück und Leid liegen oft nahe beieinander, die alten Sprichwörter sprechen meist die Wahrheit.

Als wir auf einer Anhöhe angekommen waren, seufzte Karina plötzlich trocken:" Es ist einfach gut oben zu sein!" Wir schauten uns an und kugelten uns vor Lachen, ob der Zweideutigkeit die da spontan raus kam.

Ihr Mann hatte ihr seinen Fotoapparat mitgegeben und so sah man meist ihr Gesicht nicht. Wenn sie fotografierte, hörte man ein:" Bleibt ganz normal, wie wenn nichts wäre!" Klar, dass sich Jede in Position rückte. Dann dauerte es noch ein Weilchen, da Karina sehr schlecht sieht um dann schließlich auf Verdacht abdrückte. Bisher haben wir auch noch keine Abzüge von ihr gesehen......

Nachdem wir ein wenig so dahin gelaufen waren, bemerkte sie dass der Foto fehlte. Wir, also sofort den Weg wieder zurück marschiert, und da uns Niemand begegnete, außer ein paar Kühen, fanden wir ihn dann auch harmlos vor sich hin baumelnd an einer Bank hängend.

Zurück am Hotel, ruhten wir uns noch ein wenig auf der Liegewiese aus. Annkathrin und Eva Maria machten ein

Nickerchen, ich zog mich aufs Zimmer zurück und Karina joggte ne Runde, ging danach ein paar Runden schwimmen und machte noch einen Saunagang. Danach war sie topfit und ich schlapp vom Ausruhen!

Das Abendessen war sehr lecker und zum Abschluss setzten wir uns noch auf den Balkon des Restaurants, der Platz für genau einen Tisch bot und somit förmlich für uns gemacht war und auf uns wartete. Wir genehmigten uns noch als *Absacker* ein Schnäpschen. Unterm Sternenhimmel, einer lauen Sommernacht was will man mehr. Man sah die dunkelgrünen Tannenwipfel im Mondlicht und es hätte mich nicht gewundert, wenn Legolas über die Feuerleiter ins Zimmer gekommen wäre. Aber wahrscheinlich konnte er seinen mintgrünen String nicht finden und musste erstmal sein Baumhaus sortieren.

Später als wir aufs Zimmer gingen, blieb Annkathrin noch auf dem Balkon sitzen. Karina gab vorsichtshalber der Bedienung Bescheid, sodass sie nochmals nachschauen, ob sie noch draußen sitzt, bevor abgeschlossen wird. Es war ja nicht kalt und regnen tat es auch nicht, aber Karina wollte einfach nicht im kuscheligen Zimmer alleine schlafen.

Dann schauten wir noch *Backes* im Fernsehen an. Dies ist eine Talkshow, in der es Passenderweise um das Thema *Sex für Fortgeschrittene* ging. Gemeint war damit, Sex im Alter. Unter viel Gelächter ging es dann ins Bett. Annkathrin hatte es mittlerweile auch aufs Zimmer geschafft, sie wollte doch nicht unter freiem Himmel diese Nacht schlafen.

26.07.2008
Jetzt weiß ich weshalb Legolas heute Nacht nicht kam. Nein, nicht weil ich den karierten Pyjama anhatte (Elben übersehen so was charmant). Sondern weil der Waldelb, Eva Maria, nicht nur ein Bäumchen abgesägt hatte, sondern einen kleinen Wald. Ich war ganz überrascht noch Tannen um das Hotel herum stehen zu sehen.

Im Nachbarzimmer war schon um halb sieben alles fit. Annkathrin hatte sogar schon einen kleinen *Schwimmer* im Hoteleigenen Schwimmbad gemacht. Eva Maria und ich fingen den Tag gemächlich an und dösten noch ein Weilchen vor uns hin. Schließlich meldete sich dann aber doch der Hunger, und wir machten geschlossen das Frühstücksbuffet unsicher. Wir fanden ein gutes Angebot vor, nur am Kaffee hatten wir etwas auszusetzen. Dieser war so dünn das man Zeitung durch lesen konnte. Man bot uns an, jeweils einen Espresso dazu rein zu schenken und so schmeckte der Kaffee wieder nach Kaffee und wir hatten unseren Koffein-Level erreicht. Dann setzten wir uns wieder in unser Balkonseparée und riefen bei Claira an, die wir doch sehr vermissten. Sie war tatsächlich schon auf dem Weg zu uns, in der Nähe von Freiburg, und es ging ihr wesentlich besser. Ungefähr eine halbe Stunde Fahrzeit hatte sie noch. Wie freuten wir uns über diese schöne Nachricht. Ich holte schnell ein *Wanderbrötchen* für sie, da wie ich meinen Pappenheimer kenne, sie bestimmt noch nichts gefrühstückt hatte.
In der Zwischenzeit erzählte uns Karina, weshalb sie so besorgt um ihre Töchter ist. Nach einem kleinen Telefonat mit Zuhause ist sie plötzlich in Tränen ausgebrochen. Ihre Mutter ist durch einen Unfall gestorben als sie gerade mal 15 war. Dadurch bat der Vater Karina ihre Lehre abzubrechen, damit sie die Geschwister versorgen konnte. Damit hatte sie keinen Beruf erlernt und suchte sich später Putzstellen, zum finanziell über die Runden zu kommen. Jetzt hat sie Angst dass sich etwas überträgt und ihre Töchter in ihre Schiene reinfallen und sich auch Putzstellen suchen. Was sie bestimmt nicht tun, nur weil eine ihrer Töchter ab und zu Zuhause putzt und aufräumt? Hallo? Ich wäre glücklich wenn einer meiner Jungs jemals auf so einen Gedanken käme, aber eher fließt das Wasser den Wasserfall hoch, ehe so was geschehen wird. Außerdem ist Karina eine kluge und starke Frau, die ich in vielem bewundere, und in keinem Fall *nur* als Putze sehe,

denn dies ist harte Arbeit! Ihr erster Mann, den sie sehr früh heiratete, stellte sich schnell als Alkoholiker raus, der nach der Arbeit gleich in die Wirtschaft ging. Sie ließ sich aber nicht entmutigen, schnappte sich ihren Sohn und versorgte ihn, als Alleinerziehende, bis ihr Chris ins Leben trat. Ihr 2. Mann ist ein ruhig wirkender, sehr belesener und lieber Mann. Ich denke wir konnten ihr ein wenig die Besorgnis nehmen. Danach kam Annkathrin mit ihrer Geschichte dran. Und wir weinten gemeinsam. Da kennt man sich schon lange Jahre und doch weiß man vieles nicht vom Anderen. Es gab dann auch wieder etwas zu lachen. Es ist einfach schön und man fühlt sich geborgen, wenn Freunde Kummer und Besorgnis mit einem teilen.

Als ich dann kurz zum Auto runter ging, bog gerade Claira um die Ecke. Da war der Jubel groß. Wir ließen ihr noch etwas Zeit um sich zu regenerieren und das Wanderbrötchen zu verputzen, dann brachen wir zur Feldbergbahn auf.

Am Parkplatz angekommen, beschlossen wir die Bahn zu ignorieren und zu Fuß hoch zu wandern. Steil ging es dann hinauf, durchs Gebüsch das mit Heidelbeeren übersät war. Legolas sammelt immer solche für den Nachtisch. Am Anfang dachte ich, jetzt bekomm ich gleich einen Herzinfarkt, so ging meine Pumpe. Zeitweise war ich versucht mich einfach hinzuschmeißen, aber dann wäre ich wahrscheinlich nicht mehr hoch gekommen. Von wegen gute Kondition wegen Hund! Dann war es auch noch recht schwül, und irgendwann dachte ich, wenn du dass jetzt durchhältst kannst du weder was am Herzen noch am Köpfchen haben. Ich glaube ich habe alles rausgeschwitzt, oben angekommen ging es mir so gut wie lange nicht mehr.

Wir genossen die schöne Aussicht und beschlossen gleich noch zum Feldsee hinunter zu wandern. Doch zuerst mussten wir in Richtung Talstation zurück. Der Weg war nicht gut hinunter zu laufen, er bestand nur aus Schotter und Kies. Man rutschte des Öfteren aus und die Knie waren bald Wackelpudding. Eva Maria legte trotzdem noch einen Gang zu, da sich bei ihr plötzlich die Verdauung meldete. Als wir dann Richtung Feldsee weiter gehen wollten, fing es an laut zu Donnern. Ein Gewitter kündigte sich an. Claira warnte uns weiter zu laufen. Ich fragte gerade, ob wir umkehren sollten, als statt einer Antwort ein sehr lauter Donnerschlag kam. Wir rannten mehr zurück als das wir gingen. In der Hütte der Talstation angekommen, machten wir es uns erstmal gemütlich. Ein *Hiesiger* erklärte uns, das es in genau 5 Minuten anfangen wird zu regnen und eine halbe Stunde später wieder aufhören wird.

Es fing genau nach 5 Minuten an zu regnen und hörte eine halbe Stunde später wieder auf.

Wir fragten ihn nun, ob er uns empfehlen könne weiterzuwandern, oder ob es wieder anfangen wird zu regnen. Da war er sich dann allerdings unsicher, und so fuhren wir erstmal zu unserem Hotel zurück. Man will sein Schicksal ja nicht unnötigerweise heraus fordern, zumal es Kaffeezeit war. Dort gab es dann Süppchen und Kuchen, wir hatten in der Hütte vorher nur ein klein wenig gevespert.

Mittlerweile klärte sich der Himmel wieder ein bisschen auf und wir machten noch einen ausgiebigen Spaziergang. Dabei sahen wir alle ein wenig wie mutierte Wichtel aus, mit unseren Regenjacken und Kapuzen.

Claira-Serafina Hexenglanz, unsere Waldelfe Eva Maria Heiderose und Annkathrin Oberfee der Küche, kamen vom rechten Weg ab und stiegen quer durch den Wald, während Karina-Maria und Elbi-Elbenrose (also ich), den geraden Weg nahmen. Zu meiner hellsten Freude, durfte ich Karina über das Elbenvolk aufklären, wozu sich der Schwarzwald als großartige Kulisse geradezu aufdrängte. Dabei kam mir der Gedanke: Was ist wenn es mehrere Dimensionen gibt? Nicht nur die *Materialistische* hier auf der Erde und die *Geistige mit den Lichtwesen etc.* sondern verschiedene andere Ebenen und wir zeitgleich darauf leben. Ein Seelenanteil z. B. hier auf der Erde, wie wir sie kennen und ein Seelenanteil z. B. auf der Ebene von Naturwesen, Fabelwesen etc. (war doch klar das so was bei mir kommt..) und so könnte es ja noch viele andere Ebenen geben die wir noch nicht erkannt haben. Was wir als Traumwelt wahrnehmen, ist dort umgekehrt das realistische Leben, und dieses Erdenleben hier wird für dort als Traumwelt empfunden? Was ist wenn Einem dies schmerzhaft bewusst wird und man zu seinem anderen Part möchte? Kompliziert wird es wenn 5 verschiedene Dimensionen gibt mit 5 Seelenanteilen. Müssen wir dann unsere „Arbeit" hier vollenden und „treffen" alle unsere Anteile dann wieder im Geistigen zusammen? Schwere Kost. Lassen wir es lieber als Traumwelt stehen, noch ist es zu verwirrend der Gedanke zeitgleich noch woanders herum zu schwirren.

Irgendwann fingen Karina und ich uns an Sorgen über den Verbleib der anderen 3 Mädels zu machen. In dem Moment als ich überlegte ob sie vielleicht von Orks gefangen genommen waren, oder besser noch von den hier herrschenden Hochelben entführt wurden, und wir sie dann befreien müssen (eher durften, ich freute mich schon auf die Zusammenkunft mit Elben, natürlich hätte ich mich selbstlos zum Austausch angeboten und wehe sie hätten abgelehnt), kamen die verloren geglaubten *Feenmädels* uns hinter nach und machten damit meine Hoffnung schamlos zunichte!

Wir genossen noch ein wenig die herrlichen, großen, dunklen Tannen, als unsere Eva Maria Heiderose etwas Denkwürdiges aussprach:" Wir müssen erst die Mutter Erde hier schätzen lernen, ihre wunderschöne Natur, damit wir weitergehen können, um auf dem nächsten Planeten zu inkarnieren und dann diese neue Schönheit verstehen und auch ertragen können. „Ich komme bei meiner nächsten Inkarnation nicht mehr auf die Erde zurück, ich fühle das!" „ Ok", sagte ich; "Elbi hängt sich dann an Deinen Schweif und kommt mit!" Seither habe ich ein Bild vor Augen, das einen Planeten darstellt mit kristallenen Palästen. Wir brauchen keine Körper mehr sondern schweben als Lichtwesen umher. Na ja, im

Moment ist mir das Irdische hier aber doch noch lieber, und eigentlich möchte ich nicht körperlos umher schwirren. Nicht das wir völlig durchgeknallt sind, aber in dieser Ruhe und klaren Luft wird man geradezu dazu verführt philosophische Gedanken zu bekommen.

Zurück im Hotel ruhten Claira und ich uns etwas aus. Der Rest ging ins Schwimmbad und anschließend in die Sauna. Für Elbenrose ist Sauna überhaupt nichts. Vor Jahren besuchte ich mit einer Freundin eine Dampfsauna. Genau 5 Minuten hatte ich es ausgehalten, dann dachte ich, ich ersticke und rannte panisch raus. Schleppte mich irgendwie nach Hause und lag anschließend 1 Woche mit einer Grippe flach. Seither leide ich unter einem Saunatrauma. Außerdem finde ich diese schwitzenden Leiber nicht sehr ästhetisch, und wenn da noch irgendwelche *Zöpfchen* im Intimbereich rumhängen, würde ich den Schreikrampf bekommen. Eine Bekannte erzählte mir, dass bei ihrem Saunabesuch eine Dame dabei war die, eben in diesem Feuchtbereich Zöpfchen geflochten hatte und breitbeinig ihr gegenüber saß.

Als wir später zum Abendessen ins Restaurant einschwebten, meinte ein Hotelgast:" Ah, da kommen ja die 5 Abendfeen!" Endlich ein Mann mit scharf blickendem Verstand; wohlwollend nickten wir ihm einen Gruß zu.

Das Candle Light Diner enttäuschte uns nicht. Nur die Spinatgnocchis verklebten mir den Gaumen. Beim Lachen, dachte ich, jetzt erstickst Du jeden Moment. Claira die mich auslachte, als ich mich verzweifelt bemühte meinen Gaumen zu befreien und gleichzeitig zu lachen, kam sogleich in dieselbe Lage.

Das Mousse au Chocolat hatte bei mir ein etwas unglückliches Aussehen. Beim manövrieren mit der Schaufel, klatschte es mir auf den Teller. Ich werde jetzt hier nicht beschreiben an was dieser Haufen mich spontan erinnerte. Ansonsten war alles sehr delikat fürs Auge hingerichtet.

Unser Tischgespräch war natürlich? SEX und die verschiedensten Techniken. Karina bat uns inständig doch etwas leiser zu reden. Aber das ist wie bei den Kindern, wenn man sie bittet ruhiger zu sein, werden sie automatisch noch ein bisschen lauter. Somit passten wir vollständig in das Klischeebild, von feuchtfröhlichen Kegeldamen, wobei wir doch eigentlich Feen sind….Indessen juckte Karina das Tanzbein und informierte sich beim Hotelchef wo man denn hier in der Nähe noch tanzen gehen kann. Er kannte nur ein Hotel am Feldberg, das nur mit dem Auto erreichbar ist, oder Taxi. Letztendlich konnte er aber nicht sagen, wie es da ist und ob überhaupt etwas stattfindet. Was ihrer Lust aber keinen Abbruch gab. Doch zu ihrem großen Leidwesen waren die zwei einzigen fahrfähigen Frauen, Claira und ich. Claira von ihrer Blasenentzündung mittlerweile doch geschlaucht und ich waren völlig unmotiviert und ko. Die anderen 2 Mädels wären ihr zuliebe noch mitgegangen, aber wir konnten uns absolut nicht dazu überwinden- also keine Kegeldamen, eher Großmütter.

So seufzte Karina aus tiefstem Herzen und ließ sich zu einem Cocktail an der hoteleigenen Bar überreden. Der *Sex on the Beach* war dann auch nicht von schlechten Eltern.

Claira zog für die Nacht zu Eva Maria und mir aufs Zimmer, wo es dann zur Jagd ging. Nein, Legolas hatte sich immer noch nicht gezeigt. Da ich zum Leidwesen meiner Zimmergenossinnen gerne mit geschlossenem Fenster schlafe (natürlich nur wenn es draußen kühle Temperaturen anzeigt) öffneten meine 2 Mädels es heimlich, während ich mich im Bad bettfertig machte. Natürlich geschah dies unter viel Gekicher und ich wusste sofort Bescheid. Leider hatten die Beiden während ihrer Aktion das Licht angelassen und somit hatten wir ein paar geflügelte Besucher im Zimmer. Neben Nachtfalter, Schneider (auch als Weberknechte bekannt, das sind diese Spinnen mit hauchdünnen langen Beinchen), auch Schnaken und die sind für mich ein absolutes no go.

Handtuch in die Hand und los ging's, quer über die Betten. Wenn mich einmal das Jagdfieber packt, kenne ich keine Hindernisse. Die Nachtfalter und den Schneider packte ich jeweils in einen Zahnputzbecher und entließ sie aus dem Fenster in die Freiheit. Anscheinend waren sie aber der Meinung, bei uns drin ist mehr los und Schwupps waren sie wieder im Zimmer. Die Jagd ging weiter. Schließlich konnte ich aber auch die letzten Besucher davon überzeugen, dass sie es in der freien Natur besser hatten und so konnte ich mich endlich beruhigt hinlegen. Noch ein paar Drohungen Richtung Eva Maria ausstoßend, dass ich sie vom Bett schubse wenn sie wieder schnarcht, schliefen wir dann ein. Um 3 Uhr morgens, legten wir eine Pause ein. Ich wachte auf, weil ich schnell mal ins Bad musste und stellte bei meiner Rückkehr fest, dass Eva Maria auch wach war. Begeistert lobte ich sie, dass sie kein einziges Mal geschnarcht hatte. „Kein Wunder"; meinte sie:" Ich habe ja auch bis jetzt noch nicht geschlafen!" Als auch sie kurz dem Bad einen Besuch abstattete, meldete sich Claira zu Wort, um das Ganze abzurunden.

Dann kehrte wieder Ruhe ein.

27.07.08 Letzter Tag und Heimfahrt
Eva Maria hatte die ganze Nacht nicht geschnarcht, dafür hatte ich dann aber laut gesprochen. Laut Claira, wäre es eine Zahlenkombination gewesen. Lottozahlen waren es leider nicht, das habe ich sofort Zuhause ausprobiert. Es war dann wohl auch ein recht trockener Traum, kein Wunder dass ich mich nicht mehr an ihn erinnern kann.

Diesen Morgen kamen wir in den Genuss eines Privatvortrages von Frau Professor Claira Serafina Hexenglanz und dass dann auch noch im Bett. Sie las uns ein Kapitel aus dem Buch „Transsurfing, von Vadim Zeland" vor. Es war hochinteressant und theoretisch habe ich das Ganze auch total drauf, nur im praktischen Teil hapert es noch ein wenig.

Mittlerweile stellte sich auch heraus, was in unserem Zimmer etwas gemüffelt hatte. Claira hatte gleich bei ihrem Eintreffen festgestellt, dass etwas in diesem Zimmer stinkt. Als ich nun meine Regenjacke anzog, fand ich in einer Jackentasche noch ein Leckerli von meinem Hund. Nach einem guten Frühstück beschlossen wir zum Abschluss, den Feldsee noch mal ins Auge zu fassen und hin zu wandern.

Dieses Mal kam uns kein Gewitter in die Quere und wir konnten die Landschaft unbeschwert genießen. Dabei wurde Karina versicherungstechnisch von Claira informiert, während der Rest dann und wann stehen blieb um die riesigen Bäume des Bannwaldes zu bewundern. Die Urwaldriesen waren zum Teil mit Moos behangen und gaben dem Ganzen ein verwunschenes Aussehen. Mir kam plötzlich das Bild eines Wurzelzwerges in den Sinn. Spontan legte ich meinen Rauchquarz, den ich immer in meiner Hosentasche trage, unter einen Baumstamm ins Wurzelwerk und bat um Verzeihung für die Menschen, die überall ihren Unrat liegen lassen und auch sonstigen Unsinn mit der Natur treiben.

Schließlich lag der Feldsee vor uns. Ruhig und dunkel sah er aus. Man hatte das beklemmende Gefühl, wenn man raus schwimmt zieht einen etwas hinunter in die Tiefe. Aber da Legolas, weder mit noch ohne Badehose, da draußen auf dem See wartete, war ich nicht mal versucht, auch nur einen Fuß hinein zu setzen.

Sehr angenehm fiel uns auf, dass uns keine Wanderscharen begegneten, obwohl es Sonntag war.

Natürlich statteten wir der, nahe liegender Rasthütte einen Besuch ab, um uns zu stärken. Während wir draußen auf einer Bank saßen um zu essen, fing es plötzlich an, in Strömen zu regnen. Doch wir hatten Glück, ein großer Baum schützte uns so gut, dass wir fast völlig trocken blieben und weiter essen konnten. Ob sich das mit meiner Rauchquarz Spende schon unter den Bäumen herum gesprochen hatte? Sozusagen von Wipfel zu Wipfel?

Gut gestärkt durch eine reichhaltige Mahlzeit und ein kühles Radler, machten wir uns auf den steilen Rückweg. Claira und ich marschierten voraus. Wir hielten ohne Halt zu machen, das Tempo durch, denn wir hatten das Gefühl, würden wir anhalten, hätte uns ein Helikopter abholen müssen, weil wir vor Erschöpfung nicht mehr weiter gekonnt hätten.

Oben angekommen, entledigten wir uns erstmal den nassen Sachen. Claira noch bei der Hütte der Talstation. Zur hellsten Freude vorbeikommender Wanderer, männlichen Geschlechts. Die Weiblichen drehten sich kopfschüttelnd weg. Wobei es nicht wirklich etwas Brüskierendes zu sehen gab. Einen sportlich, eleganten, schwarzen BH, der wohlgeformte Rundungen geschickt bedeckte und auch sonst war nichts Skandalöses zu entdecken. Es war wohl eher der übliche Neid unter Frauen, wenn Eine es sich figurmäßig leisten konnte, ihren nicht vorhandenen Bauch zu zeigen. Was übrigens meinem Auge viel besser gefällt, als bei Manchen die unbedingt Bauchfrei tragen müssen, und ihren Schwabbel dann über den Hosenbund quellen lassen. Unsere Shirts waren von innen total durchgeschwitzt und es wäre gesundheitlich fahrlässig gewesen, diese weiter an zu behalten, zumal wir unser ganzes Gepäck ja dabei hatten.

Dann mussten wir noch einmal zu unserem Hotel zurück fahren, da Karina ihre Joggingsachen im Zimmer vergessen hatte.

Wir erinnern uns, in Wien war's ihr Flugticket wo noch im Zimmer lag, und sie verzweifelt in der Hotelhalle im Koffer danach suchte.

Schließlich machten wir auf der Heimfahrt noch am Titisee halt. Leider regnete es immer noch sehr stark und so konnten wir den See nur von einem Restaurant aus genießen.

Karina und ich bestellten Waldbeeren mit Eis und Schlagsahne. Wobei Karina sofort feststellte dass die Sahne nicht geschlagen sondern gesprüht war. Ein absolutes no go für ein Restaurant dieses Niveaus, meinte sie. Ich muss gestehen, dass ich überhaupt keinen Unterschied bemerkt

habe, anscheinend ist mein Gaumen nicht für solche
Feinheiten ausgereift. Die Anderen waren sich auch
unschlüssig, außer Eva Maria Heiderose, die bemerkte dass
die Sahne einen Stich hat. Dies ließ Karina keine Ruhe und so
wurde der Kellner herbei gerufen und dazu befragt. Dieser
gab tatsächlich zu das die Sahne gesprüht war. Wir haben nun
beschlossen Karina bei *Wetten dass* anzumelden.
Später kehrten wir noch in einen Souvenirshop ein, Eva Maria
um ihrer Tochter eine Kuckucksuhr mitzubringen und ich
kaufte einen Schwarzwälderschinken für meine Familie.
Dann trennten sich unsere Wege endgültig.
Claira fuhr Karina nach Hause und ich lieferte unseren
Waldelb und Annkathrin ab. Wobei die 2 während der Fahrt
meine ganzen Rock CDs, einschließlich meines Gesanges, mit
anhören mussten. Zum Glück haben sie es überlebt.
Wenngleich auch mit einem leichten Trauma. Zuhause stellte
ich fest, dass unsere Karina ihre Joggingsachen nun bei mir
im Kofferraum liegen gelassen hatte.
Die 3 Tage gingen viel zu schnell vorüber. Kaum fing die
Erholung an mussten wir auch schon wieder heimfahren. Wir
beschlossen einstimmig, nicht mehr nur zu den runden
Geburtstagen uns so was zu gönnen! Es gibt noch so vieles zu
sehen und zu erleben.
Bei Claira und mir steht Schottland und der südlichste Teil
Irlands nun ganz oben auf der Wunschliste. Auch eine Hütte
an einem See, mit nichts als Bücher im Gepäck, wäre
wunderbar.
Nach solchen Auszeiten freut man sich tatsächlich auch
wieder auf seine Familie und sieht manches gelassener. Ich
genieße die Zeit in der ich für Niemanden als mich selbst
verantwortlich bin und endlich meine Gedanken zu Ende
bringen kann, ohne dauernd unterbrochen zu werden, bzw.
von 2 Seiten gleichzeitig bestürmt zu werden. Wie z. B.:" Ich
habe Hunger, was gibt es zum Essen?" „Was kochst Du
heute?" „ Mama, Du hörst mir ja überhaupt nicht zu!" Nach
einer gewissen Zeit, wird man dann doch etwas ungeduldiger

mit den Kindern, was sich natürlich wieder in ihnen
rückspiegelt und da hilft ein bisschen Abstand dann doch
ganz gut!
Ich werde um diese Auszeiten auch weiterhin kämpfen und
sie realisieren, wenn es irgendwie möglich ist!

beim Kaffeepäuschen: Annkathrin, Karina, Claira und Eva
Maria

Wurzelwerk

Die 3 Feen auf Abwegen

unser Waldelblein

Elbenroses Training, oder auch:

Wie mir Legolas, und zeitweise auch Boromir, beim Abnehmen halfen.

Die Gedanken, während ich im Fitnessstudio, auf dem Crosstrainer trainiert habe:

15.04. Mit Legolas nach Bruchtal gelaufen, unterwegs noch ein paar Orks bekämpft.

16.04. Von Bruchtal nach Hobbingen – Ah, nein geht ja nicht, da dürfen keine großen Leute   rein – Verordnung vom König von Gondor (Aragorn)
Also weiter nach Gondor laufen. Rast im Baumhaus gemacht.

19.04. Von Gondor Richtung Lothlorien gelaufen, Haldir (auch ein Elb, was sonst) besucht und bei ihm köstliche Lembas (Elbenbrot) gegessen.

22.04. Laufe schon ganz gut mit Legolas. Meine Freundinnen befürchten dass ich demnächst
in ein Baumhaus ziehe. – Mit Legolas – gerne.

25.04. Mit Legolas seinen Vater, König Thandruil, im Düsterwald besucht.
Zwischendurch Schwertkampf mit Orks.

27.04. Bin mittlerweile schon ganz schön im Auenland rumgekommen.

29.04. Es ging mal wieder nach Bruchtal. Elrond lehrte uns über das Heilen und die Geschichte der Elben.

2.05. Legolas ist ganz stolz auf mich, obwohl ich immer noch mehr Brumsel denn Elbe bin.

5.05. Zur Abwechslung, mit meinem *Spitzohr* über die Jöhlinger Felder gerannt.

7.05. Heute mit Boromir gelaufen.

9.05. – 12.05. Auszeit – Trip nach London!

14.05. Mit Legolas durch London getrabt.

16.05. Heute war es sehr anstrengend. Mit Legolas und Boromir zusammen trainiert. Haben sich gestritten, musste andauernd beschwichtigen.

18.05. Schwerer Kampf im Auenland gehabt.

21.05. Boromir kam uns beim Kampf gegen Orks zu Hilfe. Bin fast vom Crosstrainer gefallen vor Anstrengung.

23.05. Kampf wurde siegreich von uns beendet. Darf mich in Lothlorien (bei Claira) ausruhen.

28.05. Bau des Baumhauses in Angriff genommen. Habe die 70 kg Körpergewicht Grenze erreicht. Yuppieh!!!!

31.05. Zur Feier trägt Legolas, beim Laufen, für mich einen mint grünen String.

3.06. Baumhaus ist fast fertig. Wurde von Boromir nach Gondor eingeladen. Eine sehr schwierige Entscheidung.

4.06. Die unter 70 kg Grenze, sprich 69,8, erreicht. Habe mich entschieden. Bleibe Legolas mit Leib und Seele treu. Nix Gondor, nix Boromir. Basta.

6.06. Es ist wunderschön geworden, unser Baumhaus. Man kann die Sterne durch das Dach sehen. Könnte Legolas stundenlang zuhören, wenn er Gedichte rezitiert, oder über sein Volk Legenden erzählt. Werde beim zuhören allerdings jedes Mal langsamer auf dem Crosstrainer.

7.06. Frage mich langsam, ob das Training im Fitnessstudio mich schizophren macht.

8.06. Legolas will dass ich im Baumhause bleibe, während er Aragorn hilft. Kommt nicht in Frage, laufe heimlich hinterher.

10.06. 10 Kilo Körpergewicht weniger!
Kam gerade rechtzeitig um Legolas vor einem Uruk zu retten. Bin verletzt worden. Das letzte was ich sehe sind, seine blauen Augen. Dann springe ich vom Gerät, bevor ich ohnmächtig vor Anstrengung werde.

13.06. Legolas hat mich geheilt, zusammen mit Aragorn. Bin noch etwas schwach, aber die Liebe in seinem Blick, würde Tote erwecken.

15.06. Bin immer noch schwach beim Laufen, aber es wird wieder besser. Boromir ist auch dazu gekommen.

16.06. Seit 8 Jahre mit Ralf verheiratet. Er muss ganz schön mit mir was mitmachen.

17.06. Training. Boromir hat mich ausgeschimpft, weil ich so leichtsinnig war (da ich mit Uruk gekämpft und verletzt wurde) Frauen gehören, nicht auf den Kriegspfad. Ha, ha, ha, bin ihm davongelaufen.

20.06. Wünsche mir ein Elbenkind von Legolas (glaube, jetzt drehe ich wirklich durch, sollte nicht soviel trainieren, steigt mir irgendwie dabei zuviel Fantasie in den Kopf).

24.06. Training. Habe mich im Bogenschießen versucht. Schieße zwar weit, aber beim Treffen habert es. Sollte lieber beim Schwert bleiben.

27.06. Könnte von Lembas, Beerenfrüchte und Quellwasser leben. Dann hätte ich mit meinem Gewicht auch keine Probleme!

28.06. Lothloriens Wälder zu durchstreifen ist einfach wundervoll.

30.06. Würde alles für 5 Minuten mit Legolas geben. Höre Training heute auf, ist zu heiß zum trainieren.

1.07. Es hat schon frühmorgens 25 Grad. Boromir ruft meine *wildesten* Gedanken hervor. Gehe jetzt lieber kalt duschen......

8.07. Auf der Suche nach dem Elb ganz Deutschland durchgelaufen. Ist wohl beleidigt, weil ich etwas länger, als beabsichtigt, bei Boromir war.

16.07. Habe ihn endlich wieder gefunden. Mein *Spitzohr*. Er riecht nach Minze. Lecker!

18.07. – 4.08. Urlaub mit Familie, in Dänemark. Mache dort öfters Strandlauf. Habe Legolas mitgenommen.

9.09. Bin nach langer Zeit mal wieder ins Training. Habe zum Glück nicht zugenommen. Muss aber wieder öfters laufen, hechle Legolas hinterher.

12.09. Legolas hat am Waldrand schon ungeduldig auf mich gewartet. Wusste gar nicht dass ein Elb so *dreppeln* (drängeln) kann.

30.09. Konnte lange nicht trainieren. Mein Onkel, stieß sich, bei einem Fahrradsturz, eine Rippe in seine Lunge und musste daher im Krankenhaus bleiben. Da er verwitwet ist, musste ich seinen Kater 2-mal am Tag versorgen.

Legolas hat sehr geschimpft mit mir, das wäre keine Ausrede fürs fernbleiben vom Training. Wir beschließen ein loses Verhältnis zu haben, da es mir zurzeit zu stressig wird, Allem gerecht zu werden.

Aber immerhin habe ich bis zum Ende des Jahres 18 Kilo abgenommen und sah jetzt endlich mehr nach Elbe, wie Brumsel aus.

Ohne *Legolas* hätte ich es wahrscheinlich nicht solange ausgehalten, denn mein Mann liebt mich egal wie ich aussehe. Was natürlich sehr schön von ihm ist.

Ich bedanke mich bei meinem Mann, der mir diese Auszeiten zugesteht. Meinem *Feenclan* die immer für mich da sind, sodass ich mich getragen fühle. Außerdem bei meinen anderen lieben Freundinnen, die mit mir Freud und Leid teilen. Ich liebe Euch!

Das Schönste und Edelste der Welt und des Kosmos ist das Geschenk lieben zu dürfen.
Umsorgen zu dürfen was wir wertschätzen.
Die Natur in all ihrer Schönheit einzuatmen und das daraus entstandene Bewusstsein weiterzugeben mit Ehrfurcht und Demut vor dem Erfahrenen in dem dankbare Liebe zurückfließt. Folge dem Strom Deines inneren Universums, in allen Dimensionen. Vereine sie in Liebe mit dem Gefühl des unendlichen Daseins und erkenne, segne und heiße sie willkommen.
Sei voller Freude, wandle auf lichten Höhen. Dein Herz sei leicht und heiter.
Mi alta alma di O
                    (Eva Maria Heiderose)

Guter Rat
An einem Septembermorgen
Da nimm den Wanderstab,
es fallen deine Sorgen wie Nebel von dir ab.

Des Himmels heitere Bläue
Lacht dir ins Herz hinein
Und schließt wie Gottes Treue,
mit seinem Dach dich ein.

Rings Blüten nur und Triebe
Und Halme von Segen schwer,
dir ist, als zöge die Liebe
des Weges nebenher.

So heimisch alles klingt
Als wie im Vaterhaus,
und über die Lerchen schwingt
die Seele sich hinaus.
(Theodor Fontane)